Louis ROUZIC

L'Élite

SON ROLE ET SA FORMATION

Lettre-Préface de S. G. Mgr Gibier

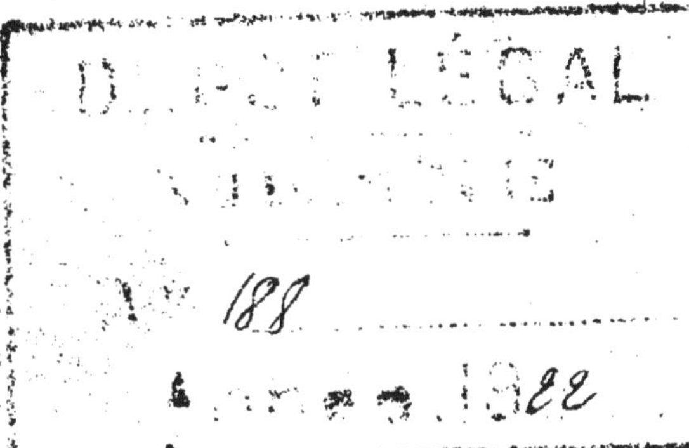

P. Lethielleux, éditeur

OUVRAGES DE L'ABBÉ ROUZIC

AUMÔNIER « RUE DES POSTES »

COLLECTION IN-32

Chaque volume in-32, cadres rouges : 2 fr.

1re *Série :* **Se connaître** (*l'Examen*). — **Se perfectionner** (*l'Idéal*). — **Se vaincre** (*la Lutte*). — **Se dévouer** (*l'Apostolat*).

2e *Série :* **La Sainte Messe.** — **La Sainte Communion.** — **La Présence réelle** (*en prép.*).

3e *Série :* **La Distinction.** — **Programme de vie,** 2 vol. : 1. But et emploi. 2. Obstacles et moyens. — **La Joie,** 2 vol. — **Respect humain et Fierté chrétienne,** 1 vol. — **La Responsabilité** (*en prép.*). — **La lecture et les bons livres,** (*en prép.*). — **Les mauvais livres** (*en prép.*).

4e *Série :* **La Vocation.** — **Prêtre.** — **Avant le mariage.** — **Religieux** (*en prép.*). — **Soldat** (*en prép.*). — **Le Choix d'une fiancée,** 2 vol. — **Les Fiançailles.** — **Le Mariage** (*en prép.*).

5e *Série :* **Le législateur de la Morale** (*en prép.*). — **Les bases de la Morale** (*en prép.*). — **Le Contenu de la Morale,** 2 vol. — **Les Commandements** (*en prép.*). — **La Conscience** (*en prép.*).

6e *Série :* **L'Élite.** — **La Volonté.** (*en prép.*) — **Le Cœur** (*en prép.*). — **Le Devoir.** — **L'Action** (*en prép.*). — **Initiative et discipline** (*en prép.*). — **Honneur et responsabilité** (*en prép.*). — **La Vie surnaturelle** (*en prép.*). — **La Direction** (*en prép.*)

7e *Série :* **Les plus belles prières.** Historique et commentaire (*en prép.*), 2 vol.

L'ÉLITE

Permis d'imprimer

Versaliis, die 15ª Octobris 1921.

J. Millot, *Vic. gén.*

Imprimatur.

Parisiis, die 2ª Julii 1921.

H. Odelin, *Vic. gen.*

Louis ROUZIC
AUMÔNIER " RUE DES POSTES "

L'ÉLITE

Son rôle et sa formation

PARIS
P. LETHIELLEUX, ÉDITEUR
10, RUE CASSETTE, 10

A

Sa Grandeur Mgr Gibier

ÉVÊQUE DE VERSAILLES

École
Sainte-Geneviève

10 octobre 1921.

Monseigneur,

Je serais très honoré si Votre Grandeur voulait bien agréer la dédicace de ce petit livre.

Avant de s'acheminer tout imprimé vers des lecteurs inconnus, il a été parlé aux jeunes gens qui se préparent à l'École Polytechnique dans votre « chère » École Sainte-Geneviève.

Aussi bien, puisqu'il est question, dans ces pages, des âmes d'élite, des groupements d'élite et des œuvres de l'élite, comment ne pas penser, lors-

qu'il s'agit de lui trouver un patronage et une égide, à Votre Grandeur et aux œuvres établies à Saint-Paterne, autrefois, et, aujourd'hui, à Versailles?

Daignez agréer, je vous prie, Monseigneur, l'expression des sentiments très respectueux avec lesquels j'ai l'honneur d'être, de Votre Grandeur, le serviteur et le fils très humble.

L. Rouzic.

Versailles, le 10 oct. 1921

Cher Monsieur Rouzic,

Vous voulez bien m'offrir votre nouveau volume l'Élite, *et vous me demandez un mot d'encouragement et comme une prophétie de succès pour ces pages qui, avant d'être écrites pour des lecteurs inconnus, ont été dites à vos jeunes auditeurs de notre chère et grande* École Sainte-Geneviève.

Vous avez déjà derrière vous un beau passé d'orateur et d'écrivain. Mais, si votre plume ne se lasse jamais, elle a le don de se renouveler et de se rajeunir sans cesse, et cette fois encore elle nous présente un sujet d'importance majeure et de parfaite opportunité : l'Élite.

Si nous voulons ressaisir et sauver la masse, il faut en dégager une Élite où la vie se concentre plus intense et d'où elle rayonne plus influente et plus envahissante. Sur le terrain du bien comme sur le terrain de l'erreur et du mal, ce sont les minorités fortes, compactes et agissantes qui gagnent les batailles. A la rigueur, nous pouvons nous passer du nombre; mais nous ne pouvons pas nous passer de l'Élite. Et d'ailleurs si nous voulons reconquérir le nombre, c'est par l'Élite que nous obtiendrons cette victoire aussi difficile que nécessaire. Vous dites cela, vous le dites comme toujours en parfait langage. Je souhaite et j'ose prédire à votre volume un succès de bon aloi. Vous aurez beaucoup de lecteurs, et je me réjouis d'avance du grand nombre d'âmes qui vont être par vous atteintes et réconfortées.

Votre affectueusement dévoué en N.-S.

† Charles,
évêque de Versailles.

L'ÉLITE

CHAPITRE PREMIER

Définition et nature

Toute étude doit commencer par une définition. Dans une bonne définition, tout le livre est en germe. On y trouve déjà, en raccourci, tout ce que l'auteur développera dans la suite. De la définition, l'esprit va, par un chemin facile, aux commentaires les plus lointains. Ainsi aperçoit-on, d'un point d'observation placé sur les hauteurs, tout le pays qu'on va parcourir.

Qu'est-ce qu'une élite ?

C'est un petit bataillon de grandes âmes vouées à une noble cause, la défendant énergiquement d'après les règles d'une sage organisation, et cherchant à entraîner la foule dans la voie du bien (Mgr Gibier).

Un petit bataillon, c'est-à-dire un groupe restreint d'individualités unies et organisées.

De grandes âmes, c'est-à-dire des intelligences ouvertes et avides de savoir, des volontés énergiques et éprises du bien, des sensibilités ardentes et disciplinées, des hommes ayant de plus, si vous le voulez, les autres qualités qui peuvent donner l'influence : la naissance, la richesse, la situation... en un mot, des hommes plus grands que leur temps, faits pour ouvrir des voies nouvelles et y attirer leurs contemporains, par la force d'un grand exemple et par la persuasion.

Vouées à une noble cause, à l'une de ces causes pour lesquelles on a toujours pensé qu'il est juste et glorieux de donner sa peine et son sang : Religion, patrie, famille, honneur...

D'après les règles d'une sage organisation. Il n'y a que des principes sûrs, des règles longuement mûries et ponctuellement exécutées qui puissent assurer le succès d'une entreprise. Autrement, c'est l'éparpillement des forces, l'anarchie et la lassitude.

Cherchant à entraîner les autres. La multitude a toujours besoin de chefs, pour la coordonner et la conduire. Il semble que les nombreux éléments qui composent la masse n'aient que des virtualités d'agir, aussi longtemps qu'un guide, sachant et voulant, n'est pas venu vers elle.

Mgr Gibier a encore donné cette définition de l'élite : « Voir clair, aller droit, entraîner les autres à sa suite. »

Il y a plusieurs aspects de l'élite. On parle d'élite intellectuelle, d'élite sociale, d'élite morale, d'élite religieuse...

Les qualificatifs employés expriment assez les différentes significations.

CHAPITRE II

La question du nombre

Qui dit « élite », dit nécessairement petit nombre et, cependant, puissance. L'Evangile exprime et illustre cette double vérité. Vous savez la parole de Notre-Seigneur : « *Pauci vero electi*, elles sont peu nombreuses, les âmes d'élite. » « On n'est pas pionnier pour se trouver tout de suite en grande compagnie », remarque l'abbé de Tourville. Mais le petit nombre, loin d'être un obstacle au succès, en est plutôt un gage. La force perd en intensité, qui gagne en étendue. Parlant de l'héroïque

Belgique, on a même été jusqu'à dire que la « petitesse géographique est une des nécessités de l'héroïsme parfait ».

LES GROUPEMENTS D'ÉLITE

Les minorités font les majorités. Les minorités seules pensent, entreprennent, agissent et luttent. Les minorités sont plus agissantes, elles sentent davantage la force qui est en elles ; ce sont elles qui savent vouloir et entreprendre, faire leur voie et non pas les *Beati possidentes* qui jouissent nonchalamment et insolemment parfois d'une situation acquise.

Dans un article de la *Revue des Deux-Mondes* (1er septembre 1910), M. Emile Boutroux écrivait : « La sainteté ne peut guère être, en fait, que le propre de quelques-uns ; le degré de perfection réalisable par l'universalité des hommes a peu de chances d'être élevé. Aussi de tout temps, les Églises ont-elles eu une tendance à professer la doctrine de petit nombre des élus.

« Ces deux termes sont conciliables, s'ils sont conçus, non en opposition abstraite, mais en relation concrète l'un à l'égard de l'autre.

« La sainteté peut être non une évasion en dehors de la nature, mais la plus haute édification possible de la nature elle-même avec l'idéal où l'esprit aspire ; en sorte que l'effort des âmes pieuses soit, non de s'isoler, mais de s'unir aux autres âmes, pour travailler en commun à une œuvre qui, en effet, ne peut s'accomplir que par une action commune. »

Les majorités sont le troupeau qui a besoin d'être conduit et qui obéit, avec plus ou moins d'ardeur, aux injonctions des chefs. Quand Notre-Seigneur conçoit le dessein le plus grandiose et le plus difficile qui ait été entrepris, il ne s'entoure que de quelques disciples, et il prophétise que cette poignée d'hommes convertira le monde. Un jour qu'il les voit tremblants et hésitants, il leur dit ce mot de réconfort : « Ne craignez pas, petit troupeau. » Et la raison de ne pas craindre : « Il a plu à mon Père céleste de vous donner un royaume », tout le royaume de la terre avant celui du ciel. Toute l'immense conquête de la terre et des siècles est remise à cette poignée d'hommes. Une autre fois, Notre-Seigneur adressa aux siens cette parole d'amitié et d'espoir : « Lorsque vous serez deux ou trois réunis en mon nom, je serai au milieu de vous. »

Faut-il rappeler encore les trois cents soldats de Gédéon qui seuls, dans l'immense armée, burent, sans se coucher dans la fange, l'eau du torrent et marchèrent à la victoire par le sacrifice ; ou bien, les trois cents Spartiates, morts aux Thermopyles, pour rester fidèles aux lois de la patrie ; ou, plus près de nous, cette phalange immortelle des zouaves pontificaux qui, à Loigny, « montrèrent ce que peuvent des soldats chrétiens » ?

Le Centre allemand, qui a si bien commencé et si mal continué, et dont l'action a été si grande parmi nos ennemis, ne renfermait d'abord qu'une poignée d'hommes. C'est par l'élite intellectuelle sortie de l'Université de Louvain que les catholiques Belges ont su reconquérir l'influence qui leur avait échappé... Et que d'autres exemples ne pourrait-on pas citer?

Les individus d'élite

Que parlé-je d'un petit nombre! N'a-t-on pas vu parfois un seul homme déclencher et conduire des mouvements considérables, ou se faire l'âme de la résistance d'une ville ou d'un pays?

Dans le dictionnaire de Larousse, on trouve ces deux significations du mot « élite » : « Ce qu'il y a de meilleur ou de plus distingué : l'élite de la société », et : « Quelqu'un de très distingué, de premier choix : un homme d'élite. »

On peut dire que, à chaque époque, toute la sainteté, tout le dévouement, toute la science, tout l'art, toute la force militaire a tenu, originairement, à quelques individualités qui ont d'abord entraîné dans leur orbe quelques satellites, puis toute la masse.

Rappelez-vous Bayard, dont on a dit qu'il avait, à lui seul, la puissance d'une armée, *Vires agminis unus habet;* rappelez-vous Geneviève et Jeanne d'Arc, dont l'une délivra Paris, et l'autre la France; rappelez-vous le député espagnol Olano, qui, un jour, sembla incarner tout un peuple; le petit tambour d'Arcole, qui sauva une armée en battant la charge au lieu de battre la retraite; le tyrolien Hofer, qui tint tête à Napoléon pour la liberté de son pays; O'Connel, qui, durant toute sa longue vie, souffla l'espoir et l'héroïsme au cœur des Irlandais... On a écrit dans cet ordre d'idées : « Jetez aujourd'hui Clovis dans les murs de Paris, vous aurez demain un Tolbiac. »

« Qu'y avait-il de plus désespéré en 1205 que l'état religieux du Languedoc? demande Lacordaire (*Vie de saint Dominique*, ch. III). Et après une description de l'état lamentable de cette région à cette époque, Lacordaire ajoute : « Mais deux chrétiens qui passent suffisent pour tout changer : le moine Dominique et l'évêque dom Diego de Azevedo. »

Qui a rayonné la distinction à la cour de Louis XIV ? Un Fénelon, dont on a écrit :

« Né de la noblesse, élevé dans l'élite, habitué dès l'enfance à marcher sur un plan plus haut que la foule, ses manières avaient ce prix inestimable de la supériorité qui s'incline, qui élève à soi et qui flatte en aimant. Sa politesse même ne paraissait pas une attention à tous, mais une inspiration pour chacun; elle s'étendait jusqu'à son génie. Il évitait d'en éblouir ceux que son trop d'éclat aurait pu offusquer ou humilier. Il le proportionnait, dans la conversation, à la mesure d'esprit de ses interlocuteurs, les égalant toujours, ne les dépassant jamais. Cette conversation, qui est l'éloquence de l'amitié, était surtout la sienne; elle était, selon les hommes, les heures, les sujets, grave, souple, lumineuse, sublime, enjouée, mais toujours noble, même dans la détente. Il y avait dans ses élans les plus involontaires quelque chose de doux, de tendre et de familier, destiné à se faire comprendre des plus humbles et à se faire pardonner son génie... Quelques hommes furent plus grands, aucun ne fut plus proportionné à l'humanité, aucun aussi ne domina plus par l'amour. » (Lamartine.)

Qui a organisé la charité? Vincent de Paul. Qui a donné les lois actuelles des batailles? Napoléon. Qui a créé la chimie moderne? Lavoisier, Pasteur. Qui a enrôlé la jeunesse du XIXe siècle dans les œuvres? Ozanam. Au début de quelle initiative catholique du XIXe siècle ne trouve-t-on pas Lacordaire et Montalembert? Qui a lancé le mouvement si fécond des études liturgiques? Dom Guéranger. Quel appoint de vaillance n'a pas donné à la Belgique, pendant la longue et dure guerre, le cardinal Mercier?

Voyez tous les saints : quelles générations de chrétiens, quelle moisson d'œuvres lèvent autour de chacun d'eux!

Dans le monde de l'industrie, que ne doit-on pas à Taylor d'une part, à Fayol d'une autre part? Le premier a donné son nom à un système industriel, le second à un système moral. Il y a le Taylorisme et le Fayolisme.

Si nous entrons dans des zones plus restreintes, qui trouvons-nous au principe des courants locaux de vie chrétienne et d'apostolat ? Un entraîneur, prêtre ou laïque.

Un homme d'action ou d'érudition procède habituellement d'un autre homme qui avait ces qualités.

A la clôture de l'Exposition de Casablanca (1917), le maréchal Lyautey, après avoir rappelé les étapes parcourues, parla ainsi : « Je ne mérite pas tous vos éloges. Ce qui a été accompli depuis trois ans au Maroc, grâce à votre dévoué concours, montre simplement ce que savent faire les Français quand ils sont dirigés par un chef unique ardent à servir son pays, résolu à exécuter un plan mûrement étudié et nettement défini... » Et il faisait remonter le mérite de ses propres actes au chef qui l'avait guidé dans sa jeunesse militaire : « Si j'ai pu réussir, c'est que j'ai eu le bonheur de rencontrer dans ma carrière un chef, un maître, un professeur d'organisation qui m'a tout appris : il se nomme Gallieni. »

Ainsi, de même que l'incendie, qui consume toute une forêt, est né d'une étincelle, l'éclair qui illumine tout un siècle ou tout une région est parti souvent d'une seule grande âme! Bien supérieur à la majorité numérique, un petit groupe, ou même un seul individu s'est majoré par sa valeur et par ses vertus.

Nous sommes ici en présence de la théorie des cadres, du ferment, de la semence : le mérite des chefs est pour beaucoup dans la valeur des soldats ; toute la masse de farine tressaille sous l'action du levain; le petit grain de sénevé devient un grand arbre.

Cette constatation est consolante : au temps sombre de l'oppression, aux heures de menace et d'attaque, quand il nous faut résister pied à pied pour défendre nos positions, quand nous sommes décidés à marcher pour gagner du terrain et déloger l'ennemi, ne cherchons pas le grand nombre, mais travaillons plutôt à développer notre valeur d'âme. Je ne sais plus de quel monarque on a dit : « Il se croyait un grand, un heureux roi, parce qu'il régnait non sur beaucoup de sujets, mais sur les meilleurs. » Ce monarque jugeait bien. La puissance numérique le cédera toujours à l'action dynamique, suivant une expression qui est chère à nos contemporains, et qui est cependant bien antique, puisqu'elle traduit exactement la parole de Cicéron : « *Non numerantur, sed ponderantur.* »

Je ne sais plus quel général romain animait au combat la poignée de soldats qui composaient sa troupe en leur faisant cette courte proclamation : « Ne regardez pas combien vous êtes, mais combien vous valez : *Non quot, sed quanti.* » En toute entreprise, le succès dépend plus de la valeur que du nombre.

Ne reculons donc jamais devant

l'action, sous prétexte que nous sommes le petit nombre. Ne nous comptons pas; mettons-nous à l'œuvre. Nous vaincrons sûrement si nous avons la foi, l'énergie, l'union et la persévérance. Nous en avons pour garant le témoignage de l'histoire dans le passé, et la promesse divine pour l'avenir.

« En ce temps-là, Mathathias mourut, après avoir désigné Judas Machabée comme le chef de l'armée et le conducteur du peuple au combat.

« Alors Judas se leva, et tous ses frères, et tous ceux qui s'étaient joints à son père, et ils combattirent avec joie les combats d'Israël.

« Et voici qu'Apollonius assembla les nations et leva de Samarie une grande et puissante armée pour combattre contre Israël.

« Judas marcha contre lui, le défit et le tua.

« Alors Séron, chef de l'armée de Syrie, se porta à son tour contre les soldats d'Israël.

« Quand ceux-ci virent l'armée ennemie, ils dirent à Judas : Comment pourrons-nous, si peu nombreux, combattre contre une multitude si grande et si forte?

« Et Judas dit : Il est facile qu'une multitude soit enfermée entre les mains d'un petit nombre, et il n'y a pas de différence pour le Dieu du Ciel, de sauver par un grand et par un petit nombre.

« Eux, ils arrivent à nous avec une multitude insolente et avec orgueil.

« Mais nous, nous combattons pour nos vies et pour nos lois.

« Et le Seigneur les brisera lui-même devant nous. Vous donc, ne les craignez pas.

« Dès qu'il eut cessé de parler, il s'élança aussitôt sur eux; et Séron fut écrasé devant lui avec toute son armée. » (I. Mac., XVII.)

CHAPITRE III

Où prendre l'élite?

Je n'ai pas cité indifféremment les qualités qui concourent à la formation d'une élite. Parmi les biens tout à l'heure mentionnés, il y en a qui sont extérieurs à l'homme ; il les possède, mais ils ne sont pas lui : la naissance, la fortune, la charge... Or, notre valeur n'est pas dans notre avoir, mais dans notre être ; elle ne dépend pas d'un « je possède » ou d'un « je suis né », mais d'un « je suis » et d'un « je puis » ; elle ne se trouve pas dans ce qui nous entoure ou dans ce qui n'est qu'à la superficie de notre être, mais dans les forces intimes qui sont dans notre âme et qu'il nous est loisible de transformer en source de bien.

On n'est vraiment de l'élite que lorsqu'on est personnellement quelqu'un. Mais la personnalité s'affirme surtout par la puissance de l'intelligence, et la forte trempe de la volonté. — Il est entendu que si je place d'abord l'intelligence, c'est qu'elle est en nous la faculté lumineuse, qui éclaire notre route et nous-mêmes, et que l'on sait avant de vouloir.

Mais, de nos jours surtout, le privilège de la naissance n'est pas une condition *sine qua non* pour faire partie de l'élite. Il en est de même de la fortune et des honneurs. Grand « tant mieux », n'est-ce pas? Et vous verrez toujours, avec sympathie, entrer dans vos rangs, ces hommes perspicaces et courageux qui, partis des plus humbles conditions, se sont élevés jusqu'à vous ou plus haut que vous, par un effort persévérant, et se sont déclassés par en haut, lorsque tant d'autres, hélas! traîtres aux plus riches dons de la vie, se déclassent par en bas.

Le commandant Louis de Clermont-Tonnerre, mort à Orvillers-Sorel en entraînant ses zouaves à l'assaut, écrivait naguère dans *le Correspondant*, sous le titre : « Pourquoi nous sommes sociaux », cette page qui est toujours à méditer :

« Au Xe siècle, écrit Taine, peu importe l'extraction du noble : souvent c'est un comte carlovingien, un bénéficier du roi, le hardi propriétaire d'une des dernières terres franques. Ici, c'est un évêque guerrier, un vaillant abbé ; ailleurs, un païen converti, un bandit devenu sédentaire, un aventurier qui a progressé.

« Au XXe siècle, il en est de même : enrôlons tous les privilégiés de fait, ceux qui ont en partage les dons de la naissance, de la fortune, du savoir, de l'intelligence ; *tous les riches*, ce mot étant pris dans son plus large sens : nobles possesseurs de terre familiale, maîtres de forges héréditaires, ouvriers devenus patrons, économistes, savants, écrivains, orateurs, poètes ou artistes, tous ceux auxquels une supériorité quelconque donne une parcelle d'ascendant sur leurs frères... qu'importe leur extraction ? Le noble aujourd'hui, c'est l'éducateur ; c'est celui qui met en valeur le capital concret ou abstrait qu'il a reçu, qui s'en sert pour améliorer l'état matériel ou moral de ses frères, qui leur tend une main généreuse pour gravir d'échelon en échelon ; le noble, c'est le social. Pour faire cet office, il n'a pas besoin d'ancêtres : il est lui-même un ancêtre, il ne lui faut que du cœur. Trois sentiments intimes l'y stimulent : l'amour, s'il est bon ; le devoir, s'il sait le comprendre ; la raison, s'il veut bien réfléchir. »

Ces paroles ont été entendues. Dans chacune de nos villes et de nos bourgades, des ferments de vie travaillent ; on entend s'élever par toute la France les notes d'une chanson d'espoir. Autour du prêtre, attirés et dirigés par lui, des groupes se forment. Là, des âmes jeunes et ardentes se préparent à l'action. Laboureurs, ouvriers, commis, bourgeois et gentilshommes se confondent et jettent les assises d'une aristocratie nouvelle : ils se réunissent en cercles d'études, ils lisent, ils assemblent des matériaux, ils composent des conférences, ils parlent, ils fondent des œuvres. Et concurremment à cette formation intellectuelle et pratique, ils travaillent à leur formation morale et religieuse. Ils s'assemblent pour prier, ils fréquentent les sacrements, ils apprennent leur religion, ils s'enferment chaque année dans la retraite, pour s'adonner à des réflexions plus suivies et plus profondes, ils s'assujettissent aux lois fécondes du renoncement et de l'effort. Pour mieux devenir les apôtres des âmes, ils se font les bienfaiteurs des corps, et on les voit également désireux de servir leur foi et leur patrie : Là est l'espoir de l'avenir ; là est l'œuvre à laquelle doivent se vouer les jeunes enthousiasmes et les énergies naissantes.

Un double courant entre donc dans la formation de l'élite : l'un formé par les représentants de l'aristocratie et de la bourgeoisie, l'autre par les fils du peuple. Il convient qu'il en soit ainsi et que les représentants de toute la société concourent au relèvement de toute la société. Les travailleurs de l'outil et les travailleurs de la pensée se rencontrent ensemble, les mains blanches et les mains calleuses se joignent pour la même œuvre.

Pendant que beaucoup de ceux qui possèdent la situation, le nom, les loisirs, l'instruction, la fortune et qui, dès lors, semblaient faits pour être les serviteurs du bien et les apôtres de l'ordre social, renoncent à leur mandat et ne songent qu'à un usage égoïste des dons reçus, d'autres qui ont à lutter avec les difficultés de la vie, qui n'arrachent qu'avec héroïsme quelque lambeau de temps aux nécessités de chaque jour et qui n'agissent pour se former et pour édifier qu'en réagissant contre toutes les difficultés d'un milieu défavorable, se préparent cependant à donner une aide éclairée et forte à ceux de leurs frères qui ont moins reçu ou qui ont moins voulu. Ceux-ci forment aussi une aristocratie, au sens étymologique du mot; ils sont le groupement des meilleurs et ils exercent un pouvoir.

Peu importe la condition sociale : chacun a sa tâche propre à remplir. L'un attire davantage et l'autre convainc mieux ; l'un brille plus, l'autre émeut, persuade, entraîne, conquiert plus. Dans le champ où ils travaillent ensemble, ils accomplisent, chacun suivant son don, l'œuvre collective de la moisson.

Aux éveilleurs de susciter l'élite partout où elle se trouve en germe.

A ceux qui se sentent au cœur la flamme de l'apostolat de répondre à l'appel et de se former pour la tâche de l'élite.

Aux plus fortunés d'accueillir et même de rechercher ceux de leurs frères plus humbles qui sont faits pour les labeurs de l'élite.

Si le talent et l'illustration ne sont pas égaux, le dévouement et la vertu peuvent aussi ne pas l'être ;

et ceux qui possèdent moins les dons naturels de l'esprit, de la fortune et de la condition, peuvent trouver un dédommagement dans la possession de biens meilleurs.

CHAPITRE IV

Le rôle de l'élite

Le rôle de l'élite a été esquissé tout à l'heure, c'est le rôle d'entraîneur. Quelques-uns s'adressent à toute la masse qui est à un plan inférieur pour la hausser à un plan supérieur. Quelques-uns vont vers la foule ignorante, indifférente à certaines idées, à certains sentiments qui sont cependant essentiels à la vie ou à la prospérité d'un groupement, société restreinte ou peuple immense, et lui insufflent ces idées, lui suggèrent ces sentiments. Dès lors, un foyer rayonne et communique sa chaleur à ceux qui se trouvent auprès ; une source jaillit et remplit de sa fraîcheur l'atmosphère ambiante.

Il y a, dans la multitude, une sorte de plasticité, d'harmonie préétablie, qui la prépare à l'action de l'élite, qui appelle même en quelque sorte cette action, comme la terre appelle le soleil et la rosée. « Le genre humain, a écrit Joubert, est dans sa masse quelque chose de mobile qui cherche à se mettre au niveau. »

Il y a, par corrélation, chez les vrais chefs, une force qui en impose, une puissance qui subjugue ou entraîne. Quand, par hasard, un de ces hommes paraît, de lui à la foule, s'établit aussitôt un courant qui la fascine et l'avertit que son guide est là.

Si quem forte virum conspexere silent.

Sans doute, la foule n'aura jamais toutes les qualités de l'élite, et les artisans du bien s'avanceront toujours en file indienne, mais du moins la foule sera-t-elle soulevée de plus en plus au-dessus de l'étiage ; du moins arrivera-t-elle, dans un plus ou moins grand nombre de ses éléments, à remplir le devoir strict, parce qu'une élite aura poussé jusqu'au plus haut degré l'attachement au bien.

Faut-il faire observer que la foule sera inégalement influencée par l'élite, que certains points seront plus saisis que d'autres ? Pourquoi ? Parce que plus rapprochés du centre d'action. Quand on soulève une maille d'un filet, tout le filet monte, mais d'abord, et plus haut, les mailles voisines de la maille soulevée. Pourquoi encore ? Parce que certains éléments sont, par leur nature, plus accessibles à un travail d'ascension. Ainsi, dans un foyer, il est des combustibles qui subissent l'incandescence plus vite que leurs voisins.

La même loi se rencontre partout. Partout l'élite influe sur la masse; partout les privilégiés agissent sur les autres. Dieu, qui est un par nature, ramène tout dans son œuvre à la loi de l'unité.

Des exemples :

Si nous considérons d'abord le monde angélique, saint Thomas nous enseigne que les Anges des hiérarchies inférieures reçoivent leur clarté, leur gloire, leurs missions des esprits célestes supérieurs. La source initiale est la même pour le séraphin et pour le plus humble des Anges, mais la grâce et la perfection des simples Anges leur sont transmises par leurs frères des chœurs plus élevés.

Si certains hommes sont plus fortunés que d'autres, ils doivent se considérer comme les économes et les intendants de Dieu et faire bénéficier de leur richesse leurs frères moins bien partagés.

Si nous passons au monde matériel, nous rencontrons encore des sources de lumière et de force, qui épandent leurs trésors sur des régions ou sur des points qui, autrement, seraient privés de vie. C'est des montagnes que vient la fertilité des vallées : les fiers sommets existent pour donner la fraîcheur et la fécondité aux plaines. L'océan n'absorbe les gouttes d'eau et les ruisseaux que pour leur restituer bientôt leur forme première ; et c'est d'un unique foyer que procèdent la lumière et la chaleur sans lesquelles il n'y aurait dans le monde ni beauté, ni mouvement.

De même, les hommes, créés pour vivre en société et étroitement mêlés les uns aux autres, malgré mille diversités accessoires, ont besoin les uns des autres pour vivre. La notion de cette loi et des conditions de son fonctionnement est d'une importance capitale. Elle n'est autre que la transposition, dans l'ordre politique et social, de ce qui existe dans la nature. En effet, d'où vient à chaque individu sa science, son savoir, sa force? D'un sommet aussi, d'une source, d'un foyer. Chacun de nous sait, possède, vaut, parce qu'auprès de lui s'est trouvé un maître, un initiateur. Et notre vertu même, qui a toujours son point de départ en Dieu, nous est venue, par le moyen de l'enseignement ou par une sorte d'infiltration inconsciente, de quelqu'un qui était auprès de nous et qui était meilleur que nous.

L'élite entraîne. Là est son rôle, Demanderons-nous comment elle le remplit ; chercherons-nous à découvrir le chemin mystérieux que suit son action ?

L'Évangile nous apporte des similitudes. Étudions-les. Écoutons le divin Maître :

Le royaume des cieux, c'est-à-dire tout l'ensemble de l'œuvre que Jésus-Christ est venu accomplir, est comparé, tantôt à un grain de sénevé qui devient un arbre, tantôt à une poignée de farine que la ménagère enferme dans la pâte et qui fait lever toute la masse.

Une semence, qui compte parmi les plus petites, tombe en terre. On pourrait croire que c'est pour y mourir. Non, c'est pour produire une vie plus que centuplée : des milliers de graines semblables procéderont de cette première. Ainsi croît le royaume des cieux. Ainsi agit l'élite.

Tout aussi mystérieux, tout aussi puissant, est le travail du ferment.

Avant le Sauveur comme depuis, le levain était en usage; et, de même qu'on s'en servait, on constatait ses effets. Mais à quelle loi obéissait-il? Quels agents travaillaient à son compte? On ne le savait pas. Pasteur est venu. Il a découvert dans le ferment une fonction de la vie. « Un organisme invisible à l'œil nu élabore la matière inerte. En y recherchant son aliment, en y rejetant ce qui lui est inutile, il la décompose et la transforme. » Une fois le ferment déposé dans la pâte, chaque molécule acide réveille en quelque sorte son âme puissante, s'agite, se soulève, pousse en avant et, comme une marée minuscule mais irrésistible, porte son flot sur la rive voisine, s'insinue peu à peu, s'acharne contre les éléments de résistance et finit par les pénétrer et les envahir. Bientôt il n'est plus un seul élément de la pâte qui résiste à son influence. Sa vitalité dépend moins de sa grandeur que de la valeur des éléments qui le composent. Ainsi dévoilé, le mystère de la fermentation devient une source de lumière.

On s'en sert pour éloigner le mal, pour se prémunir contre lui ; on s'en sert pour favoriser l'éclosion, le maintien, le progrès de la vie.

Peu importe le comment, d'ailleurs. Il suffit du résultat. Le ferment est une vie et répand la vie. L'élite aussi. Encore une fois, son rôle est là. Rôle important, rôle nécessaire.

CHAPITRE V

Importance de l'élite

On peut, l'histoire en main, suivre l'action de l'élite dans le monde. Pour juger un pays, à telle ou telle époque, il n'y a qu'à rechercher, au milieu de ce pays, la présence ou l'absence d'une élite. Avec une élite, c'est la vie et le progrès ; sans élite, c'est la décadence et la ruine. Si le monde tout entier n'a pas péri victime de sa propre ignorance et de sa propre corruption, c'est que, dans le monde, ici ou là, il y a toujours eu des esprits élevés et des cœurs généreux qui ont été incorporés comme un levain à la masse humaine ; il y a toujours eu des docteurs et des saints qui ont laissé sur leur passage des traces lumineuses, des exemples féconds.

Il faut, au faîte de la société, des penseurs robustes et sages, afin de déverser dans la masse occupée aux seules affaires, des idées saines, capables, par leur valeur, de la transfigurer. Il faut des volontés droites et fortes, en marche incessante vers le but, afin de secouer, dans son inertie, l'immense foule que saisissent étroitement le désir des biens matériels et la poursuite des jouissances immédiates.

La France, en particulier, n'a vécu et n'a progressé que grâce au concours constant de son élite. Après les grandes catastrophes, après les écroulements des trônes et la perturbation dans les différentes classes de la société, après la dévastation des choses et l'effacement momentané des volontés, quand tout semblait destiné à l'effondrement, quand on disait au dehors : « La France est la première des nations mourantes », qu'a-t-on vu soudain ? Quelques hommes se sont levés qui avaient des pensées plus hautes et des vouloirs plus énergiques que leurs contemporains; ils ont fait entendre des paroles d'espérance, semé de grandes idées, accompli de belles actions; ils ont excité la sympathie et suscité l'imitation. Autour de ces hommes, une élite s'est groupée. La pensée a eu des serviteurs, et l'action des fidèles. On s'est remis à espérer et à agir, et, les îlots de vie se multipliant çà et là, tout le pays a été arraché à son agonie et s'est repris à vivre.

Plus que tout autre peuple, la France a besoin de chefs, de guides, d'initiateurs. Pour elle surtout, le point de départ des mouvements féconds est là. Nous l'avons bien vu récemment. « Le Français vole au devoir, si un chef marche devant lui », a écrit Mgr Ruch, qui a vu les choses militaires de près. Et, d'après le maréchal Foch, « ce sont les généraux, et non pas les soldats, qui gagnent les batailles ».

Actuellement, nous sommes encore dans une crise. La guerre, qui s'est terminée en nous donnant la victoire, a multiplié les ruines chez nous, et, autour de nous, les difficultés. Que les unes et les autres ne nous effraient pas outre mesure. C'est plutôt le moment de l'action et de la confiance que celui de la désolation.

Fort de l'expérience que lui avait acquise une incessante étude de l'histoire, Ozanam écrivait : « Toute grande période de l'histoire part d'une ruine et finit par une conquête. » (LA CIVILISATION AU Ve SIÈCLE, *Avant-propos*, p. 41.)

Souvent un malade sort d'une crise en quelques heures. Un peuple aussi. Il suffit pour cela d'un vif élan de foi, d'un réveil religieux et moral déclenché par une élite.

Rappelons-nous que le Christ lui-même, lorsqu'il a voulu sauver non pas un pays seulement, mais l'humanité entière, n'a pas agi autrement. Il a réuni pour sa grande tâche quelques artisans obscurs, il les a formés, les a enseignés, en a fait des convaincus et des conquérants ; il leur a commandé alors d'aller porter à tout l'univers le prix de la rédemption.

A son tour, l'Église se comporte comme son fondateur. Elle veut le salut de toutes les âmes, elle s'adresse finalement à tous les individus. Mais c'est précisément pour mieux réussir dans cette tâche, qu'elle emprunte l'intermédiaire des cadres, qu'elle recourt aux élites. Par les cadres, elle forme et soutient les multitudes; par les cadres, elle tend à modeler peu à peu chacun des chrétiens qui composent ses différents groupements.

CHAPITRE VI

Nécessité de l'élite

Dire le rôle et l'importance de l'élite, c'est déjà affirmer sa nécessité. En effet, il appartient à l'élite d'indiquer les beaux buts, de frayer les chemins, d'y marcher avec élan, de stimuler les courages. L'élite révèle et entraîne ; elle est foyer de clarté, elle est source de force.

M. Boutmy, fondateur de *l'École libre des Sciences politiques*, dont on a pu dire qu'il avait l'esprit athée et le cœur catholique, a écrit ces paroles pleines de vérité : « Refaire une tête de peuple, tout nous ramène à cela. » Oui, tout : nos désastres du passé, notre récente victoire, nos déconvenues et nos inconsistances du présent, nos rêves et nos visions meilleures de l'avenir.

Il faut une tête et un cœur au corps social ; l'élite est cette tête et ce cœur. D'elle vont à tous les membres les idées claires et le sang chaud et généreux. Là où elle manque tout se désagrège et court à la ruine. Une nation qui serait longtemps sans élite serait une nation condamnée à disparaître ; un groupement dépourvu d'une élite n'aurait aucune action.

La question de fait est là : il est reconnu que la présence d'une élite a toujours été nécessaire à la vie d'un peuple. Quelle nation fut jamais en progrès sans une aristocratie, c'est-à-dire sans qu'il y eût dans son sein quelques hommes meilleurs que les autres, plus élevés par le courage, par l'intelligence, par la vertu? Les générations piétinent sur le sable ou dans la boue, tant qu'elles n'ont pas rencontré le guide supérieur qui les conduira sur les sommets. L'élite est vraiment, dans le monde moral, ce qu'est l'intelligence et le cœur dans la vie organique : un foyer de lumière et d'énergie, la source du mouvement. Sans âme, il n'y a que des cadavres, corps inertes qui tendent à se dissocier ; et, sans élite, l'humanité ne peut que descendre à l'étiage dernier de la médiocrité et de la bassesse : on n'aurait plus un peuple, on n'aurait qu'un troupeau.

L'élite élève, éclaire et entraîne. Les hommes qui ont reçu quelque grand don sont parmi leurs frères comme des points d'appel qui font monter la masse à un niveau supérieur.

Toute vie d'homme a son écho, et quand une vie est belle et bonne, elle rayonne autour d'elle la beauté et la bonté. Les témoins des grandes vies en deviennent facilement les bénéficiaires ; ils sont portés à l'admiration et à l'amour, et, de l'admiration et de l'amour, ils montent, par un mouvement plus ou moins conscient, jusqu'à l'imitation.

En effet, qu'est-ce qui tient la multitude dans l'immobilité et la stagnation? C'est qu'elle manque de lumière et de force. Or, l'élite apporte ce double secours. Aussi, quand on veut se rendre maître d'une nation, quand on veut vaincre une armée, détruire une œuvre, la consigne est-elle : Frappez les têtes.

On lit ceci dans l'histoire romaine :

Un jour, le fils de Tarquin le Superbe s'est lui-même criblé de blessures, légères d'ailleurs. Dans cet état, il va se présenter aux habitants de Gabies qui étaient en querelle avec Tarquin ; il leur dit que c'est son père qui l'a ainsi maltraité. Il est décidé à se venger et à les venger eux-mêmes, et il s'offre pour les conduire à la victoire contre leur commun ennemi.

Les habitants se laissent persuader et confient une petite troupe à celui qui se présente à eux en sauveur. Bientôt même ils lui donnent le commandement suprême de toutes leurs forces. Alors, le blessé simulateur envoie un messager à son père : « Je suis maître de la ville; que faut-il faire? » De retour, le messager dit : « Votre père n'a prononcé aucune parole, mais je l'ai vu abattre les plus hautes tiges du jardin avec sa canne. » Le messager n'avait rien compris, mais le fils eut tôt fait de saisir la leçon. Il fit immédiatement périr les principaux citoyens de Gabies. Après quoi il n'eut aucune difficulté à livrer la ville entre les mains de son père.

Au contraire, quand on veut inoculer de la vitalité à un peuple ou à une entreprise, le premier moyen est-il de constituer une élite.

Dans un temps et dans un pays où la noblesse était l'élite-née de la nation, saint François Xavier disait d'une centaine de jeunes gens qui composaient la cour de Lisbonne : « S'ils sont ce qu'ils doivent être, le bas peuple prendra exemple sur eux et ainsi se réformeront tous les séculiers du royaume. Car je tiens pour certain que c'est réformer tout le royaume que de réformer la noblesse. »

Où a-t-on mieux vu qu'en France, depuis cent cinquante ans, ce que produit l'absence ou la présence d'une élite ?

Disons d'abord que, pendant toute cette période, on vit chez nous de rapides alternatives d'élévation et de dépression, de magnifiques constructions et des ruines profondes. Et le renouvellement de ces faits reste toujours possible. En effet, la Révolution, qui a mis au cœur de la France un germe fatal, est toujours là. On sait la réponse de Kaunitz à des émigrés qui lui demandaient combien de temps durerait la Révolution : « Toujours », répondit-il. Et c'est vrai. Bien des tendances mauvaises de la Révolution s'agitent dans l'organisme de la France et travaillent à l'affaiblir. Mais des hommes de choix ne tardent pas à paraître, sur divers points du pays, dans les différents domaines de la pensée et de l'action. Ils deviennent peu à peu des guides, et, grâce à eux, la France retrouve ses forces et reprend sa marche.

Dans les *Mémoires d'outre-tombe*, Chateaubriand décrit l'aspect désolé de la France, tel qu'il l'aperçut à son retour d'exil :

« On eût dit que le feu avait passé dans les villages... à droite et à gauche du chemin se montraient des châteaux abattus ; de leurs futaies rasées, il ne restait que quelques troncs équarris, sur lesquels jouaient les enfants. On voyait des murs d'enclos ébréchés, des églises abandonnées, dont les morts avaient été chassés, des clochers sans cloches, des cimetières sans croix, des saints sans tête et lapidés dans leurs niches. Sur les murailles étaient barbouillées des inscriptions républicaines déjà vieillies : *Liberté*, *Égalité*, *Fraternité ou la Mort*. Quelquefois on avait essayé d'effacer le mot *Mort*, mais les lettres noires ou rouges reparaissaient sous une couche de chaux. Cette nation, qui semblait au moment de se dissoudre, recommençait un monde, comme ces peuples sortant de la mort ou de la barbarie et de la destruction du Moyen-Age. » (T. II, p. 235, éd. Biré.)

Les dernières lignes de ce tableau sont déjà un chant d'espérance.

En effet, des restaurations se préparaient. De toutes parts, se levaient des entraineurs. Chateaubriand était l'un d'eux. Il se servait de la plume comme d'une épée conquérante. Son *Génie du Christianisme*, lu par toute la France, rappelait les sublimités du dogme chrétien racontait, de façon saisissante, les harmonies de la liturgie catholique avec les plus vives aspirations de l'âme humaine.

De nouveau on croyait, on priait; on construisait.

En 1830, les fondateurs de l'*Avenir* formaient une élite superbe, malgré de regrettables erreurs. Si le journal qui portait leurs revendications dura peu, l'action qu'ils exercèrent par la plume, par la parole, par la direction des âmes, par la participation aux affaires publiques, fut considérable.

Au contraire, quelle tristesse plane sur les époques qui ne voient se lever aucune élite !

Prêchant dans l'église Sainte-Cécile de Rome en 1864, et exhalant les regrets que lui inspirait la situation de la France d'alors, Mgr Dupanloup s'écriait : « Les grandes âmes ! On les cherche, on ne les trouve pas ; on les appelle, elles ne répondent pas. »

Après la guerre de 1870, il y a un réveil, mais qui dure trop peu. L'espoir de la revanche, d'abord fortement entrevu, se voile bientôt. En vain scrute-t-on l'horizon. Les grandes âmes s'obstinent à ne pas paraître, ou bien elles sont trop isolées. Tout conspire contre le catholicisme d'où pourrait sortir le salut. La jeunesse, où se recrutent d'ordinaire les troupes d'élite, est indifférente. Un écrivain, intimement mêlé aux jeunes, écrit mélancoliquement dans une revue : « Le jeune homme chrétien est une espèce en voie de disparition. » (*La Quinzaine*, 1er mars 1907, p. 14.)

Cependant l'heure est proche où la moisson des âmes va lever et donner d'abondants épis. Enfin des entraîneurs se sont levés qui appellent et qui dirigent. Un peu partout vont se former des groupes de la *Jeunesse Catholique* et — pendant plusieurs années — du *Sillon*, fiers et intrépides bataillons, qui combattront le respect humain, arboreront la croix, liront l'Évangile, s'assoiront à la Sainte Table, développeront leurs muscles, parlant haut de servir Dieu et de relever la France.

Désormais une élite existe dans

un grand nombre de villes et de bourgades de France.

Vint la guerre. Elle fut soutenue vaillamment par tous les soldats et même par tout le peuple de France. Mais quelle ne fut pas dans l'organisation, la défense et la victoire, la part de l'élite ! Son élan, sa joyeuse endurance, conditionna l'héroïsme admirable du simple soldat. Elle propagea continuellement dans toute l'armée ces deux vertus qui sont souveraines dans le domaine militaire et qui, plus que toutes autres, décident de la victoire : le sacrifice et la discipline.

Une double élite était là.

Il y en avait une parmi les soldats, faite de soldats, composée en grande partie de ces jeunes dont il était question tout à l'heure.

Plus braves, plus entraînés, plus décidés, plus adaptés par leurs pensées et leurs travaux antérieurs, ils constituaient, au milieu de leurs camarades, un point d'appui solide, un centre d'énergie puissant.

L'autre élite se composait des États-majors. « Une armée, c'est avant tout un corps d'officiers, un cadre », a écrit M. Paul Bourget. Tant vaut le cadre, tant valent ceux qui s'y rangent. Et, en France surtout, on peut faire un acte de foi dans le Français quand il se sent bien commandé.

Au jour où il fut reçu sous la Coupole, le maréchal Joffre, après avoir rendu hommage à « la valeur incomparable du soldat français », et mentionné « la puissance et la nouveauté du matériel », affirmait cependant que la guerre n'avait pas été ce qu'on appelle une guerre de soldats, comme la guerre de 1859 en Italie, ni, non plus, une guerre de matériel. Il lisait ainsi :

« Mais enfin, la guerre, si on veut la définir dans un seul mot, a été une guerre d'états-majors. Ils ont eu à résoudre des problèmes d'une difficulté inconnue. Sans eux les plus belles vertus militaires eussent été paralysées. » Aussi notre reconnaissance doit aller « à ces chefs résolus et calmes qui toujours, dans les moments les plus tragiques, gardèrent intacte leur foi dans la victoire de nos armes, illustrant victorieusement la règle la plus vraie de tout l'art militaire qui veut qu'un général soit battu alors seulement qu'il se croit battu... Au cours des premières semaines de la guerre, jamais nous n'aurions pu faire ce que nous avons fait si les grands états-majors d'armée n'étaient demeurés comme des rocs dans la tempête, répandant autour d'eux la clarté et le sang-froid ».

CHAPITRE VII

L'élite et les démocraties

L'existence d'une élite ne répugne-t-elle pas aux tendances démocratiques, qui règnent chez nous depuis plus d'un siècle ? Parler d'élite, n'est-ce pas aller contre la formule célèbre : Liberté, Égalité, Fraternité ?

L' « Égalité » semble surtout engagée ici. Aux yeux de beaucoup, l'égalité c'est le nivellement absolu. Ainsi entendu, ce mot ne désigne aucune réalité existante. L'égalité n'est qu'un nom sonore, la chose n'existe pas.

Cherchez l'égalité dans la nature, cherchez-la parmi les hommes : vous ne la trouverez pas.

Loin de donner aux hommes l'exemple du nivellement, la nature offre de toutes parts des inégalités : monts, vallées et plaines ; océan et désert ; force et faiblesse...

De leur côté, si tous les hommes ont la même nature humaine, ils possèdent, à des degrés divers, les facultés qui font l'être raisonnable (intelligence, volonté, cœur) et les qualités de l'être physique (grandeur, beauté, santé).

Même dans le monde de la grâce, l'égalité absolue n'existe pas. Sans doute, tous les hommes sont égaux dans le droit de tendre, par la pratique de la vertu, à leur destinée ; ils doivent être égaux devant la justice comme ils le seront devant le tribunal de Dieu, mais précisément la doctrine évangélique, exprimée dans d'admirables paraboles, nous apprend que là, devant ce tribunal de Dieu, les hommes auront à rendre compte des talents inégaux qu'ils auront reçus.

Comme les monarchies, les démocraties ne peuvent prospérer que par les élites. Ecoutez plutôt ce que dit le cardinal Mercier, archevêque de Malines :

« L'état démocratique qui est celui auquel vont les préférences de notre époque s'accommode fort bien de l'existence d'une aristocratie morale. Que dis-je ? Il la réclame impérieusement comme son support, sa réserve et sa sauvegarde. » (*Œuvres pastorales*, t. III, p. 157.)

Une démocratie qui ne voudrait pas reconnaître l'inégalité de la science et de la vertu et qui chercherait à produire le nivellement universel, irait contre tout progrès et aboutirait à une lamentable médiocrité. Jamais un peuple n'a été fort que par une élite.

D'ailleurs, parce que nécessaire, parce que faisant partie de la nature des choses, une élite parviendrait toujours à se dégager. Son éclosion serait plus lente, son épanouissement ralenti, son action moins profonde. Cependant peu à peu, des sommets s'élèveraient au milieu de la plaine, et de ces hauteurs quelques hommes projetteraient les rayons qui illumineraient la masse demeurée dans la plaine.

Un des personnages de M. de Curel « doute que l'humanité, si l'on en réalise le nivellement parfait, continuera à monter vers ces mystérieuses destinées, comme la légion des vagues se soulève en bloc sous l'attraction d'en haut ».

Au milieu des démocraties les plus égalitaires, il faudra toujours une élite qui rappelle à la masse ses mystérieuses destinées et l'aide à y monter.

CHAPITRE VIII

Organisation et action de l'élite

Partout et toujours le gros d'une nation est agi plutôt qu'agissant. C'est pourquoi une élite est nécessaire, autrement la marche du monde est arrêtée et le désordre peut se produire à chaque instant. Or l'élite ne naît pas par génération spontanée. Elle est le résultat d'une préparation.

Mais ce qui manque le plus souvent, en tout ordre de choses, parmi les Français, c'est précisément la préparation. Nous avons l'énergie, la vivacité, la souplesse, l'initiative. Pour mettre à profit ces ressources uniques d'une riche nature qui nous conféreraient la suprématie, ce qui manque c'est l'organisation, c'est un cerveau qui ordonne toutes ces forces et leur impose une direction.

C'est l'élite qui sera ce cerveau. Qu'une élite donc se forme. Que chaque jeune chrétien cherche à se perfectionner en cultivant son esprit, sa volonté, son âme, puis qu'il s'unisse à des frères qui lui ressemblent pour exercer une action méthodique. Dans toutes les entreprises, c'est l'âme qui est le chef et qui gagne la victoire ; le reste est le serviteur qui n'a qu'un rôle secondaire.

Avant tout il s'agit de connaître son devoir. Jeune homme, votre devoir est d'être bon et de vous dévouer, c'est de servir Dieu et d'être utile à vos frères.

Il s'agit de connaître le but. Jeune homme, le but de l'élite est de soulever le monde, de le conduire à un état meilleur, en commençant par l'action sur ceux qui vous entourent.

Il s'agit de rechercher les moyens, de tracer les routes, de prévoir les difficultés. Le succès n'est autre que l'art des préparations. « J'aimerais mieux, répétait Nivelle — et la parole a du poids sur les lèvres de cet audacieux, — j'aimerais mieux ne rien faire que d'engager une action qui serait mal préparée. »

Il s'agit d'avoir de la méthode. « Avoir de la méthode, c'est procéder par ordre, en mettant chaque chose à sa place, en progressant par degré, n'avançant que si l'on est sûr de ne rien laisser de défectueux qui puisse compromettre l'œuvre du lendemain. » L'élite ne se formera que par la méthode, ne conquerra que par la méthode.

Il s'agit d'avoir de la discipline. Pas de division, pas d'émiettement, pas de dispersion. Pas d'abstention, pas de susceptibilité, pas de défiance d'homme à homme, ou de clocher à clocher. Toutes ces choses entraînent la défaite ou la faiblesse ; la victoire exige un programme commun.

Pas d'aspiration aveugle au premier rang, pas de bouderie si on est placé dans un coin obscur. Les positions sont diverses, mais chacun concourt à l'œuvre commune. Aux chefs d'utiliser le talent, aux inférieurs de donner leur plein rendement où qu'ils soient employés.

Il s'agit d'avoir le culte des détails, de préparer les moindres mouvements. Une revue qui se développe, au jour de fête, dans son ordonnance magnifique, ne doit son ampleur et sa majesté qu'à une longue série d'évolutions partielles.

Il s'agit de posséder la science des combinaisons. A plusieurs reprises, le maréchal Foch avait peu d'effectifs, il dut inventer des ressources, suppléer par l'ingéniosité, par le transport brusque de troupes d'un point à un autre...

Il s'agit, dans la préparation, de graduer l'action, d'exercer ses troupes, de les familiariser doucement avec l'effort, de ne leur proposer aucune tâche qu'elles ne peuvent accomplir ; dans l'exécution, d'être audacieux ou patient. « Avec de l'audace, rien d'impossible » : ce fut la devise de nombreux capitaines, au cours des âges. Cependant il est ces circonstances où l'on réussit mieux en temporisant.

Il s'agit d'avoir de la persévérance. Dans l'œuvre du bien, on ne doit jamais considérer un insuccès comme définitif. Une campagne n'est perdue que quand le dernier engagement est perdu.

Souvent, quand sonnent les heures de trouble, la multitude hésite entre l'attitude qui maintiendra la paix du monde ou celle qui la bouleversera jusque dans son fond ; elle regarde autour d'elle pour demander une orientation, comme le matelot, ballotté par la tempête, cherche le phare qui indique, du même feu, le port et l'écueil. Il y a souvent eu des erreurs et des révolutions du peuple, qui avaient eu leur cause dans le cerveau des intellectuels. Et, pour ne pas parler que des grandes catastrophes, il y a chaque jour des fautes chez l'ouvrier, chez le pauvre, chez l'ignorant, parce qu'il y a eu des défaillances chez un bourgeois ou chez un gentilhomme qui ont trahi le devoir imposé à l'élite.

Parler pour indiquer le bien ou pour y exhorter, ne suffit pas. Le bien n'a pas toute sa force dans les pages d'un livre ou dans les phrases d'un discours ; il triomphe surtout lorsqu'il est traduit en action. Beaucoup d'hommes gémissent des malheurs du temps présent. Que ne cherchent-ils donc à devenir meilleurs que leur temps ? Ce serait le plus sûr moyen d'améliorer le temps lui-même. De Bonald disait fort bien : « Le peuple se gouverne par des exemples plutôt que par des lois et par des influences plutôt que par des sanctions. » Il y a beaucoup d'orateurs qui n'ont guère ému et qui n'ont fait aucun disciple, mais les fortes actions ont toujours eu leur famille. Nous prêchons parfois dans le désert, mais nos actes ont toujours leur répercussion sur d'autres âmes. Les âmes ne sont languissantes et inertes, elles ne refusent les nobles tâches et les difficiles travaux que parce qu'elles manquent d'entraîneurs, d'hommes qui fraient les sentiers nouveaux et encouragent à y marcher.

Que de fois ce fait s'est reproduit, en petit ou en grand ! A l'atelier un ouvrier ne sait pas faire un travail ; le maître le fait, et bientôt l'ouvrier réussit à son tour.

Dans la cour de la caserne, un soldat hésite et tremble devant un exercice difficile ; l'officier y va de sa personne, et le soldat, stimulé par l'exemple de son chef, essaie et triomphe. Au collège ou dans le monde, un jeune homme prétexte l'impossibilité d'un acte ou d'une vertu, mais il rencontre un camarade qui accomplit quotidiennement cet acte, il est conquis lui-même.

Quelle est la raison d'être des divers groupements qui fonctionnent dans notre Ecole : Congrégations de la Sainte Vierge, Conférences de Saint-Vincent de Paul, Cercles d'études?... En les établissant, vos maîtres et vos anciens ont voulu former quelques élus à une discipline supérieure, pour les disperser ensuite, dans chaque division, comme des propagateurs de lumière et d'enthousiasme ; ils ont voulu former des cadres pour atteindre toute l'armée écolière, la façonner et la conduire. Le succès a toujours été en proportion de la valeur personnelle des Congréganistes, des Confrères ou des membres des Cercles : grand lorsque ceux-ci étaient des âmes lumineuses et agissantes, croyant à leur mission ; médiocre ou nul, quand ils n'ont été que des amateurs de la charité et des dilettantes de l'étude. Malheureuses les années où dans les collèges, par la faute des adhérents, les institutions destinées à répandre la clarté et le bien ne vivent que de « l'ombre d'une ombre et du parfum d'un vase vide » ! Que trouve-t-on à l'origine de ces mouvements religieux qui, dans nos grandes écoles, frappent tous les esprits et permettent les plus hautes espérances? Quelques jeunes gens qui pratiquent avec loyauté et élan leur foi, qui emploient pour leur perfectionnement tous les moyens de piété et d'ascétisme qu'offre le christianisme : Confession et communion fréquentes, prière orale, prière mentale, lecture spirituelle, méditations, mortification, apostolat... Quant à vous, partout où vous irez, portez la réalité et la liqueur de vie; pénétrez-vous le plus possible de l'esprit des choses ; laissez l'influx vital vous animer de toute sa puissance. Dites-vous qu'une élite peut toujours se fonder, et que là où se trouve une élite, il y certitude de progrès. Même aux minutes les plus noires,

Quand la foi n'est qu'un mot et l'espérance un
[doute,
Quand par la nuit un peuple est surpris dans
[sa route,
Quelques hommes pour tous gardent le feu vivant.

Beaucoup de jeunes gens n'ont jamais donné un instant à la méditation de ces pensées capitales, sur lesquelles toute leur vie sera jugée. Ne pensant rien de grand, leur volonté n'est pas stimulée et ils n'agissent pas. Ils s'occupent de leur vie égoïste et de leurs petits bonheurs. Pendant ce temps, les grandes choses désertées s'écroulent. Est-ce surtout sous la pioche des démolisseurs ? Plût à Dieu que oui ! Mais non. Nous périssons par notre faute. La France et la religion sont en baisse, parce que nous sommes médiocres, comme Français et comme chrétiens. La remarque en a été faite souvent :

« Je crains moins pour la France, écrivait déjà de Bonald, ses scélérats que ses honnêtes gens. » « Ce qui fait le plus de mal à la religion ce sont les chrétiens médiocres », proclamait le député Henri Cochin, devant une assemblée de la Jeunesse catholique. Et il n'y a pas de doute qu'un des pires défauts est la médiocrité avec la mollesse qui en est la source.

CHAPITRE IX

De la formation d'une élite

Une élite est nécessaire. Ce principe est posé et démontré. Alors ? — Il faut préparer une élite. Ceci aussi est une nécessité. Car les élites ne s'improvisent pas, elles s'élaborent lentement, elles se forment au prix de beaucoup de temps, de beaucoup d'efforts.

Comment préparer une élite ? Il est difficile de le dire en quelques mots ; c'est tout un traité de l'éducation qu'il y aurait à écrire ici.

« Ce sont sans doute les grands

hommes qui font la force d'un empire, observe Bossuet dans son *Discours sur l'histoire universelle* (III, vi). La nature ne manque pas de faire naître dans tous les pays des esprits et des courages élevés, mais il faut lui aider à les former. Ce qui les forme, ce qui les achève, ce sont des sentiments forts et de nobles impressions qui se répandent dans tous les esprits et passent insensiblement de l'un à l'autre. Qu'est-ce qui rend notre noblesse si fière dans les combats et si hardie dans les entreprises? C'est l'opinion reçue dès l'enfance, et établie par le sentiment unanime de la nation, qu'un gentilhomme sans cœur se dégrade lui-même et n'est plus digne de voir le jour... Quand on a commencé à prendre ce train, les grands hommes se font les uns les autres. ».

Fera partie de l'élite le jeune homme qui saura, qui aimera, qui voudra. Mais comment savoir, aimer, vouloir vraiment en dehors de Jésus-Christ ? Pour être solide et de bon aloi, toute science, tout amour, toute volonté devra être fondée sur le catholicisme.

Dans l'impossibilité où nous sommes de donner à cette démonstration les proportions voulues, on voudra bien nous permettre de renvoyer à nos opuscules précédemment parus, à ceux en particulier qui portent ces titres : *Se connaître, Se perfectionner, Se vaincre, Se dévouer*.

Il y a un autre moyen de présenter la question, c'est de dire qu'il faut former des hommes, des professionnels, des chrétiens.

Savoir, aimer, vouloir ! Toutes les qualités, si multiples soient-elles, que l'on réclame de l'élite, sont renfermées dans ces trois mots. Celui qui sait, qui aime et qui veut, est maître du monde dans le petit royaume soumis à son action.

La science

Plus on sait, plus on peut valoir. A l'origine de toute action, il y a une idée. Au début de tout mouvement d'une nation ou d'une époque, il y a une école. Les penseurs, les philosophes sont les initiateurs tranquilles des entreprises les plus bruyantes. D'où viennent les révolutions et les réformes? D'où procèdent les mêlées tumultueuses ou les conquêtes pacifiques? Toujours d'une pensée. Ce qui remplit le monde, ce qui agite tout un pays est parti d'un cerveau, d'un cabinet d'étude. Croisades, exodes de peuples, révolutions, courants divers, viennent de cette source. La guerre elle-même est l'art des préparations. Les manœuvres des champs de bataille traduisent la pensée des états-majors. Ici, comme ailleurs, le maître, c'est l'esprit. Plus que le matériel, c'est l'âme qui gagne les batailles.

Des plus grandes choses, passez aux plus petites, le procédé est le même : vous trouverez toujours l'idée.

Celui qui ne sait pas est dans l'impossibilité de vouloir et d'agir. Pour lui, il n'y a ni but ni chemin.

Donc au commencement est le savoir.

Que faut-il savoir?

La première science est la science de Dieu et de son œuvre.

Il y a, tout d'abord, à connaître Dieu, sa nature, ses perfections, ses œuvres, afin d'être bien pénétré que Dieu est le premier des êtres, celui à qui tous les autres remontent, celui de qui ils dépendent et celui à qui, par conséquent, ils doivent l'adoration, l'obéissance et le service. Après quoi, on apprend comment Dieu veut être adoré, aimé et servi. Alors se déroule sous nos yeux toute la longue chaîne de nos devoirs, tant envers Dieu qu'envers le prochain et envers nous-mêmes.

Comme Notre-Seigneur a laissé après lui une œuvre qui est, en même temps, la synthèse et la continuatrice de toutes ses œuvres, l'Église, le chrétien, qui veut faire partie de l'élite, se doit d'étudier gravement l'organisation, la mission et l'histoire de l'Église. A ce prix, il acquerra des notions fermes qui feront naître en lui des convictions et fourniront à toutes les manifestations de sa vie des directives et des appuis. Le programme de l'élite est de « tout restaurer dans le Christ ». Comment collaborer à cette œuvre sans une étude approfondie de la religion du Christ ? Beaucoup vont redisant partout qu'il faut refaire à la France une mentalité catholique, et la consigne est bonne. Mais la création d'une mentalité catholique suppose tout d'abord la connaissance de la doctrine catholique.

Avec la connaissance de la religion, le jeune homme, qui veut faire partie de l'élite, devra posséder, sur les différentes sciences humaines, des notions correspondant à ses moyens et à la carrière qu'il ambitionne ou qu'il exerce.

Chaque carrière a sa technique et sa pratique. C'est — nous le verrons bientôt — un devoir urgent de posséder ces deux aspects de la science professionnelle et de les développer toujours davantage. En ceci, il y a d'abord obligation d'état, obligation stricte. De plus, c'est là une condition indispensable pour acquérir une véritable influence.

Enfin il est une autre étude qui ne devra pas tarder à être abordée, c'est l'étude de la question sociale.

En tête de leur programme d'étude, après la religion qui est la base qui soutient tout, la lumière qui éclaire tout, l'énergie qui pénètre tout, les membres de l'*Association de la Jeunesse Catholique Française* mettent de suite la question sociale. Avec raison. Car c'est la question du pain, c'est la question des relations entre les représentants des différentes classes, c'est la question de vie et de mort.

Que faut-il savoir en la matière? Les principes du droit social tels qu'ils sont exposés dans l'Encyclique de Léon XIII sur la *Condition des Ouvriers*, dans le *Cours d'économie sociale* de M. l'abbé Antoine, dans *Vers un ordre social chrétien* du marquis de la Tour du Pin, dans les Publications de l'*Action Populaire* (rue Saint-Didier, 51, Paris, XVIe), dans Mgr Gibier (*Œuvres*, IIe série, Lethielleux), les lois sociales existantes et les avantages qu'elles procurent aux travailleurs; la nature et les caractères de la justice et de la charité, les demandes ou revendications des travailleurs ; les essais et les réalisations qui ont été entrepris ici ou là.

Par crainte du socialisme, certains catholiques ont gardé quelque crainte vis-à-vis de ce qui est simplement social. Il en est qui confondent à plaisir les appellations et les notions des choses. Il en est qui disent : nous ne pouvons pas être sociaux, puisque le socialisme combat le catholicisme. Cependant, c'est Henri Bazire qui a dit — et tous les catholiques éclairés redisent après lui : — « Nous sommes sociaux parce que catholiques. »

Les catholiques chagrins, qui s'arrêtent aux mots et y mettent la confusion, ne sont pas dans la voie d'amour fraternel tracée par le Christ et ils donnent prétexte à beaucoup d'ouvriers qui, eux aussi, confondent les choses, de s'insurger contre l'Église. Or, loin d'être contre l'ouvrier, l'Église, dans l'ancienne organisation du travail et dans la législation sociale nouvelle, a plus fait pour lui qu'aucune autre institution. Toutes les réformes sociales légitimes s'inspirent de l'Évangile et des traditions de l'Église, mais certains chrétiens ignorent les plus élémentaires vérités de leur religion.

Dans l'état de choses créé par la guerre, l'étude de la question sociale est devenue plus urgente encore. Le président du Conseil municipal de Paris, M. Mithouard, pouvait dire aux élèves du Collège Stanislas, lors de la distribution des prix, le 16 juillet 1915 :

« Les problèmes dont était fait notre monde d'hier vont recommencer de se poser devant vous. Mais les données en seront nouvelles et la valeur aura été modifiée de toutes les choses spéculatives ou pratiques sur lesquelles s'exerce notre esprit.

« Il vous faudra faire face à l'épuisement du monde entier, appauvri par la guerre. Vous aurez à remettre les métiers en route, à organiser une mobilisation nouvelle de nos forces économiques, à reconquérir des domaines scientifiques que nous avions imprudemment abandonnés à l'infernale activité de nos adversaires, à étudier de nouvelles tactiques navales et militaires, à mettre au point les vieilles formules politiques, économiques ou sociales qui ne répondent plus aux besoins de la société nouvelle. Les contraires qui s'excluaient vont peut-être se confondre. Qui vous dit que le jeu de cette vaste machine militariste qui a été montée pour les besoins de la défense nationale, de cette intendance qui réquisitionne si méthodiquement nos ressources et approvisionne si bien nos armées, ne sera pas invoqué un jour comme une expérience socialiste ? Ne pensez-vous pas aussi que cette magnifique école de l'obéissance que la France aura faite pendant une guerre si longtemps soutenue, aura modifié, ensemble, et dans les sens les plus différents, et notre sentiment de l'autorité et notre conception de la démocratie ?

« N'oubliez pas encore qu'il sera nécessaire de réparer les âmes. L'habitude du travail ayant fait place à l'héroïsme, il faudra retourner de l'héroïsme à l'habitude du travail. Il faudra que le soldat redevienne laboureur, que chacun reprenne son outil ou en cherche un autre, et, croyez-moi, ce ne sera pas trop de toutes nos réserves morales pour nous remettre en harmonie après un si magnifique effort. »

Parmi les domaines qui sollicitent notre observation, comment oublier notre propre âme ? Qu'y a-t-il de plus utile à connaître que nous-mêmes, puisque là est le point de départ de toute connaissance ultérieure ? Cependant nous nous connaissons bien peu. Nous vivons à l'extérieur de nous-mêmes ou, tout au plus, à la surface de nous-mêmes : notre âme ressemble souvent à une maison qui n'est pas habitée. Pourquoi sommes-nous ainsi fuyards de nous-mêmes ? Pourquoi avons-nous peur de nous rencontrer ? Parce que nous connaître, ce serait constater en nous des défauts, des lacunes, un grand travail de réforme à entreprendre.

Instinctivement, cela nous effraie. Instinctivement, nous détournons les yeux pour nous occuper des autres... bien superficiellement.

Ceci demande une réaction de notre part. Il faut nous connaître, il faut savoir nos misères, nos faiblesses, nos fautes et aussi nos ressources ; il faut entendre la voix de Dieu au-dedans de nous. Soyons impitoyables pour bien voir nos côtés défectueux, examinons nos plis et replis intimes, reconnaissons sincèrement nos déficits, prenons garde aux défauts habillés en vertus, déracinons, modifions le mal, tirons parti de ce que nous ne pouvons pas corriger radicalement.

Il n'est pas de meilleure manière d'arriver à connaître les autres hommes que de nous connaître nous-mêmes. Quand on a l'habitude de rentrer en soi-même et de rechercher le motif qui fait parler ou agir, et aussi l'attitude extérieure, le trouble que déterminent soudain sur la physionomie tels ou tels sentiments que l'on éprouve, on devine bien plus facilement les autres.

Mais quels avantages y a-t-il à connaître les autres hommes ? Les mêmes qu'il y a à nous connaître. On est à même de les corriger ; on est à même de mieux s'en servir, d'en faire valoir au maximum toutes les ressources et de faire, par conséquent, prospérer les œuvres qui nous sont confiées. Pour être bon moraliste, rien ne vaut comme d'être bon psychologue. « On apprend plus, disait Fénelon, à gouverner les hommes en les étudiant qu'en étudiant les livres. » Etudier un homme et le bien voir, saisir ce qu'il a de commun avec les autres et ce qui l'en distingue, surprendre le point central et vital de son caractère ou, au contraire (et c'est aussi important), le point malade, la faille secrète, le défaut intime et persistant par où sera détruit ou altéré l'équilibre d'une forte et belle constitution », cela est important pour qui a des hommes à diriger et une entreprise à conduire. Par là, on réussit merveilleusement à manier les hommes et à les mettre dans la situation d'esprit où l'on veut qu'ils soient. Par là, on arrive à d'admirables résultats comme travail. Qu'il me soit permis d'employer cette comparaison : voyez un ouvrier qui connaît bien sa machine. Que n'en tire-t-il pas en quantité et en qualité ? Pas d'accident, d'ailleurs, ou, s'il s'en produit par hasard, tout est vite remis en place et le travail recommence.

Il y a encore à connaître son pays et son temps ; son pays pour le mieux servir, son temps pour mieux y agir.

Apprenez à connaître la France, non pas seulement la France d'une époque, mais la France de toutes les époques. Sans une étude approfondie de la France, vous n'arriverez pas à savoir son rôle, sa mission, ses ressources.

Faites de même pour votre temps; sachez ce qu'il a de nouveau et ce qu'il a de commun avec le passé ; recherchez ses besoins et ses moyens, afin de savoir vous adapter aux nécessités françaises de l'époque. Il est souvent arrivé qu'un pays n'est sorti que lentement et péniblement des difficultés qu'il traversait parce que ses gouvernants, ignorant de l'histoire et de la psychologie, ne savaient pas lui frayer une route sûre.

Nous n'arrêterons pas la réflexion à l'étude de nous-mêmes et des autres; nous nous appliquerons à la recherche des moyens les plus pratiques pour grandir notre âme et élever notre vie ; nous nous poserons souvent certaines questions plus importantes : Où est le but? Où est le chemin? Où en suis-je vis-à-vis de l'un et de l'autre?

La réflexion

Si étudier est la première condition pour se former, réfléchir est la seconde. On ne réfléchit pas, on ne fixe pas son attention sur soi, ni sur les graves problèmes qui s'agitent autour de soi; d'où, en grande partie, les tristesses, les faiblesses et les fautes qui sont en nous et autour de nous.

Hélas! l'absence de réflexion est une vieille coutume de l'humanité. Jérémie disait déjà : « La terre est remplie d'une immense désolation, parce qu'il n'est personne qui réfléchisse dans son cœur. » Mais ceux du moins qui veulent se perfectionner et agir sur les autres doivent s'affranchir de ce terrible défaut de l'irréflexion.

Il y a, tout d'abord, la nécessité d'être attentif. N'est-ce pas la première condition *pour* remarquer et apprendre, n'est-ce pas le prélude de la réflexion? Sans doute, notre âme et le monde sont deux vastes champs d'étude, mais la première condition est d'ouvrir les yeux, ceux du corps et ceux de l'esprit. Que chacun de vous médite cet enseignement de Bossuet au dauphin.

« Ne croyez pas, Monseigneur, qu'on vous reprenne si sévèrement pendant vos études pour avoir simplement violé les règles de la grammaire en composant. Il est sans doute honteux à un prince, qui doit avoir de l'ordre en tout, de tomber en de telles fautes ; mais nous regardons plus haut quand nous en sommes si fâché, car nous ne blâmons pas tant la faute elle-même que le défaut d'attention qui en est la cause. Ce défaut d'attention vous fait maintenant confondre l'ordre des paroles ; mais si nous laissons vieillir et se fortifier cette mauvaise habitude, quand vous viendrez à manier non plus les paroles, mais les choses mêmes, vous en troublerez tout l'ordre. Vous parlez maintenant contre les lois de la grammaire, alors vous mépriserez les ordres de la raison. Maintenant vous placez mal les paroles, alors vous placerez mal les choses ; vous récompenserez au lieu de punir, vous punirez quand il faudra récompenser ; enfin vous ferez tout sans ordre si vous ne vous accoutumez dès votre enfance à tenir votre esprit attentif, à régler ses mouvements vagues et incertains, et à penser sérieusement en vous-même à ce que vous avez à faire. »

La charité

L'intelligence est une grande force ; elle va plus loin que les apparences des choses ; elle porte sa lumière jusqu'à l'intérieur, où elle lit ce qui est; c'est la signification étymologique (*intus legere*); elle est l'œil de l'âme. Sans elle, il n'y a que ténèbres; sans elle, on ne voit pas, on ne sait pas.

La posséder, c'est donc posséder un don précieux; la développer le plus possible par l'étude est un devoir impérieux, surtout chez ceux qui sont appelés à exercer de l'action sur les autres, chez ceux qui comprennent la nécessité de se donner au prochain.

Parlons maintenant du cœur, de la faculté qui aime.

Qu'y a-t-il à aimer?

On s'aime soi-même, on aime le prochain, on aime Dieu.

D'ordinaire, on s'aime trop et on s'aime mal. On n'aime pas assez Dieu, ni le prochain.

Aimer c'est toujours vouloir du bien. Mais quel bien veut-on pour soi, quel bien cherche-t-on à procurer aux autres? La réponse à cette question donnera la valeur de notre amour.

Procurons à notre âme le bien véritable : le bien naturel ou les vertus humaines, plus encore le bien surnaturel qui est la grâce, la possession de Dieu, son habitation et son action en nous.

De quelle manière témoigner à Dieu notre amour? Quel bien donner à Dieu? Lui-même et nous. Nous apprendrons la leçon d'amour de Dieu en nous appliquant à réaliser les premières demandes du *Pater* : « Notre Père qui êtes au ciel, que votre nom soit sanctifié, que votre règne arrive, que votre volonté soit faite sur la terre comme au ciel. »

Rien de grand, rien de vrai dans notre vie, si nous ne comprenons pas ainsi l'amour de Dieu et de nous-mêmes.

Il reste à aimer le prochain.

Qu'est-ce que le prochain? C'est la totalité des hommes. Ce sont les hommes qui font partie d'une même famille, d'un même atelier, d'une même usine, d'une même cité. Ce sont les hommes que nous ne connaissons pas, que nous ne verrons jamais, ce sont nos ennemis.Tous ceux-ci, qu'on peut dire éloignés en une certaine façon, sont cependant des proches, sont le prochain, par la communauté de l'origine et de la destinée. Voilà tous ceux que nous devons aimer.

Si nous nous aimons nous-mêmes comme il convient, et si nous aimons vraiment Dieu, nous aurons déjà grandement commencé à aimer le prochain. Nous aurons purifié et rendu meilleure l'atmosphère où il vit; nous lui aurons donné un salutaire exemple. Tout effort d'un homme contribue à l'avantage de tous les autres hommes. « Une âme qui s'élève soulève le monde » (Newmann). L'abeille en travaillant pour soi travaille aussi pour la ruche. En aimant Dieu pour soi, on l'aime en quelque sorte pour tous. Bossuet fait cette remarque : « L'âme des *Cantiques* dit à Dieu : Tirez-moi après vous, et nous courrons à l'odeur de vos parfums. Lisez le texte, pesez les mots. Tirez-*moi*, et *nous* courrons. Ne me tirez pas tellement que j'aille à vous moi seule, mais de telle sorte que j'entraîne avec moi toutes les âmes. »

Cependant des actes positifs sont

requis. Aimer le prochain, c'est nous employer de toutes nos forces et par des actes exprès à procurer son avantage. Dieu le veut tellement, l'exige si impérieusement ! A côté de nous ou à l'opposé de nous, des hommes parlent très haut d'action fraternelle et ils agissent en réalité. Mais, c'est par la perturbation de l'ordre qu'ils prétendent amener le bonheur de l'humanité. Ils ne possèdent pas les vrais biens. Au lieu du bonheur qu'ils promettent, ils préparent des ruines. Seront-ils plus actifs et plus ardents dans la destruction que nous ne le serons dans l'édification ? Permettrons-nous cela ?

Puissiez-vous comprendre votre devoir de vous occuper du prochain, de lui donner les vrais biens.

Vous avez autre chose à faire qu'à posséder un emploi, qu'à administrer votre fortune, qu'à vous occuper de votre famille ; vous avez à penser à vos frères. Car le prochain qui travaille chez vous, pour vous, le prochain qui est sous vos ordres ; le prochain, partout où il se trouve, qui manque de quelques chose, a des droits sur vous qui possédez ce dont il manque et qui ne le possédez que pour en faire bénéficier d'autres. Ni l'eau, ni la lumière, ni la vérité, ni la foi, ni l'amour, ne sont l'apanage d'un seul ou de quelques-uns. Toutes ces choses ont été mises dans le monde pour rayonner le plus loin possible ; elles vous ont été remises en partie pour que vous les répandiez.

Vous ne l'avez peut-être pas assez compris jusqu'ici.

Pensez que tel est l'ordre voulu par Dieu, que le plan entier du monde a été conçu pour l'observation de cet ordre, et que ne pas tenir compte de cet ordre, c'est aller contre la volonté de Dieu et contre le bien du monde. Sortez donc du culte désordonné de vous-mêmes, dévouez-vous, donnez-vous. En cela seulement vous trouverez le bonheur ; en cela seulement vous réaliserez la grandeur. « Les grands cœurs ne sont jamais heureux ; il leur manque le bonheur des autres. » (La Bruyère.)

Soyez de ces hommes dont parle Montalembert, « qui ne bornent pas leurs devoirs d'état à faire leurs pâques et à préparer la dot de leurs enfants, qui se croient tenus, strictement obligés de faire tout ce qui est humainement possible pour le bien de l'Église et du prochain, de la Société et de l'État, de consacrer à cette œuvre tout ce qu'il a plu à

Dieu de leur donner de fortune, de loisirs, de capacité. »

A satiété je vous répéterai : Dévouez-vous, dévouez-vous, dévouez-vous. Dieu, le prochain, votre propre âme, vous redisent sans cesse cette consigne, si vous voulez les entendre. Puissiez-vous en être convaincus et vous rappeler que le ferment est pour la masse de la pâte, et l'élite pour l'ensemble d'un groupement ou d'un pays. Croyez que lorsque vous quitterez cette école, ce n'est pas seulement de gagner votre vie ou de faire fortune qu'il s'agira. Placés à la tête de vos frères, vous devez être cette lumière mise sur le boisseau et qui luit pour tous ceux qui sont dans la maison.

« Une chose est véritablement bonne, nous rappelle Gratry : c'est l'amour, l'amour qui se donne et qui sort de soi par l'œuvre et par la parole, par l'enthousiasme, par la sainte communion de la vie. » (DE LA CONNAISSANCE DE L'AME, *Epilogue.*)

LA VOLONTÉ

Qui stimulera l'intelligence, qui actionnera le cœur, qui mettra en œuvre la pensée et le dévouement? Ce sera la volonté.

Qu'est-ce que la volonté? C'est la faculté par laquelle nous accomplissons des actes réfléchis et contrôlés, la faculté qui, selon le mot d'Aristote, fait de l'homme « l'auteur et le père de ses actes ».

La volonté délibère, décide, exécute. Elle délibère. Toute action volontaire implique un objectif dûment conçu : Que faire? Pour quels motifs?

La délibération n'aboutit pas à une décision, mais seulement à une conclusion intellectuelle qui la prépare et qu'on peut exprimer ainsi : Voilà ce qu'il y a de mieux à décider.

C'est maintenant le tour de la décision, du choix définitif : Je suis résolu à faire telle chose.

L'exécution vient ensuite. Elle est la réalisation de la délibération et de la décision.

Par ces différents actes, la volonté met en mouvement les autres facultés et elle se meut elle-même. Elle applique l'intelligence à l'examen des motifs et des mobiles, elle formule elle-même le *Fiat* de la décision (c'est là son acte essentiel), elle exerce son action sur les idées et, par les idées, elle exerce une action indirecte sur le corps.

En tout ordre de choses, le succès dépend de la conviction et de l'énergie. Aussi la bonne graine à faire fructifier dans les âmes est-elle la volonté.

Dans la société, dans la famille, dans l'individu, une foule de rouages fonctionnent mal, des richesses considérables demeurent inemployées, des entreprises gisent ébauchées, des œuvres sont en souffrance, parce que la volonté fait défaut.

Les intelligences manquent d'élévation et de profondeur, parce qu'on ne veut pas. « Le monde, disait Louis Veuillot, est plein d'esprits mitoyens à qui toute conviction vigoureuse déplaît et que toute affirmation nette et tranchée surprend et impatiente. »

Une foule de gens n'agissent pas, parce que les entraîneurs sont absents. On les cherche, ils ne paraissent pas. Or, c'est par la volonté qu'on devient un entraîneur; et un entraîneur, c'est celui qui agit et qui fait agir les autres; c'est celui qui a de la volonté et qui communique de la volonté.

Sans la volonté — nous l'avons déjà dit — on ne délibère pas, on ne décide pas, on ne persévère pas.

La délibération s'impose surtout dans les circonstances graves; elle est très simplifiée dans le courant habituel des choses; mais la décision est de tous les jours. Habituez-vous donc à prendre des décisions. « Je veux paraître », s'écriait Henri IV, en marchant au combat. *Je veux* : mot très français et très chrétien, quand il s'agit d'effort, de combat, de dévouement.

Nous avons des actes de volonté à faire vingt et cent fois le jour, puisque nos devoirs d'état, la pratique des vertus chrétiennes, les circonstances diverses qui se présentent au cours de la journée, nous montrent ce que nous avons à faire et, conséquemment, fournissent à notre volonté l'occasion de s'exercer et, par là même, de se fortifier.

Enfin, l'acte parfait de la volonté est de persévérer. Le difficile n'est pas de commencer, c'est de continuer et de finir. Le difficile n'est pas d'être bon, juste, loyal, pur... une fois en passant, c'est de l'être tous les jours, toujours. Sur tous les chemins, on rencontre une multitude d'épaves, hommes et choses. Il y a des commencements, pas d'achèvements; des velléités, pas de volontés; des germes, pas de fruits.

Persévérer, c'est la condition du succès pour les choses de la terre et pour les choses du ciel. « Celui qui persévérera jusqu'à la fin sera sauvé. »

L'EXTÉRIEUR DE L'HOMME

Dans une petite phrase qu'il aimait à répéter, saint Ignace livre le secret de l'action et de l'influence : « Ce n'est pas avec ses jambes, c'est avec sa tête qu'on gouverne. » Oui. Cependant les jambes, les muscles, les nerfs, la poitrine et tout ce qui constitue le corps de l'âme ne sont pas choses à dédaigner. L'homme est corps et âme. A l'oublier, on tomberait vite dans le grave inconvénient signalé par Pascal : « Qui veut faire l'ange fait la bête. »

Il y a bien longtemps que la sagesse populaire formula l'adage connu : *Mens sana in corpore sano*. Ceux qui aspirent à former l'élite auront profit à s'en souvenir, et alors ils éviteront les excès ou les négligences qui pourraient altérer leurs forces physiques.

Comme ils ne doivent omettre aucune pièce en leur armure, ils se rappelleront aussi le conseil de l'*Imitation* : « Il faut examiner et régler également notre intérieur et notre extérieur parce que l'un et l'autre servent à nos progrès. »

Enfin, ils cultiveront de façon toute spéciale la vertu de bonté, d'amabilité. Puisqu'ils sont destinés à agir sur la masse, la première condition de succès est qu'ils se mêlent à ses éléments. Or, pour atteindre heureusement le prochain, pour se faire estimer et admettre, quelques conditions sont nécessaires, en dehors de celles qui ont déjà été exposées. Tout d'abord la bonté. C'est la vertu qui plaît le plus aux hommes ; ensuite la simplicité : elle efface les distances. Toutes deux sont une espèce de passeport très sûr. Joubert le disait gracieusement : « L'amabilité, le bon accueil sont un billet d'invitation qui circule toute l'année. »

Apprenons cette vertu de ceux qui firent de l'apostolat. D'un saint François Xavier. Sa maxime était : « On ne fait de bien qu'en se faisant aimer. » D'un saint François de Sales : c'est de lui que saint Vincent de Paul, cette autre âme si conquérante, apprit à aborder les petits et à se laisser aborder par eux. Très humble, il opposait ce qu'il appelait sa « rusticité » a l'amabilité de saint François de Sales et disait que c'était pour avoir vu M. de Genève qu'il n'était pas resté toute sa vie « un fagot d'épines ».

Il n'est pas jusqu'à son vêtement, son attitude, le son de sa voix, que l'apôtre ne doive surveiller. La noblesse des manières, le bon ton, une certaine élégance ont leur attrait et, déjà, donnent inconsciemment l'idée de quelque chose de meilleur. Au contraire, la morgue et la recherche ou, à l'extrême opposé, le laisser-aller, la trivialité, déplaisent. Montrer de la morgue, c'est élever entre le prochain et soi une barrière infranchissable, c'est éloigner irrémédiablement. Etre négligé, c'est déchoir et mépriser. C'est se rapetisser soi-même et mépriser les autres. Les humbles s'en rendent compte très vite.

Être intelligent, apprendre, avoir de la volonté, de la tenue, tout cela en soi ne suffit pas. On peut être intelligent et ne pas savoir, on peut savoir et n'être pas bienveillant; on peut vouloir, mais porter sa volonté vers le mal, et la tenue correcte peut dissimuler une âme vulgaire.

Mais on a compris que nous demandons à l'intelligence d'étudier le vrai, à la volonté de se porter vers le bien véritable, à la tenue extérieure d'être l'expression des sentiments qui règnent au-dedans de l'âme...

Que de choses encore il y aurait à dire! Mais tous les volumes de la série s'occuperont de la formation de l'élite.

CHAPITRE X

A vous, « Postards » !

Cela étant, faites-vous partie de l'élite? Et si Dante, reprenant ses mystérieux pèlerinages, venait parmi vous et demandait à un Virgile qui vous connût : « Dis-moi si, dans cette foule qui s'avance, tu vois quelque âme digne d'être remarquée ? » ce Virgile pourrait-il répondre : « Mais toutes ces âmes sont dignes d'être remarquées » ? Qu'en pense-t-on autour de vous? qu'en pensez-vous de votre côté ?

Lorsque des orateurs, venus du dehors, prennent la parole dans

« cette fameuse École de la Rue des Postes », ils ont assez souvent recours à l'exorde insinuant et vous qualifient volontiers d'auditoire d'élite, ou tout simplement vous saluent comme une élite. Alors, vous souriez parfois. Qu'y a-t-il au fond de ce sourire? Des éléments complexes; ceux-ci peut-être en particulier : une douce ironie amenée par la fréquence de l'expression; une légère dose de scepticisme produite par un rapide examen sur vous-mêmes, la constatation que celui qui vous parle ne s'est pas mis en frais d'imagination pour trouver un compliment inédit.

Vous savez de source sûre, et vous avez constaté par vous-mêmes, que les âmes d'élite sont clairsemées en ce monde, et plusieurs d'entre vous reçoivent de leur conscience le témoignage non équivoque qu'ils sont peu ou ne sont pas des âmes d'élite.

Cependant les orateurs ont raison, et vous avez tort. Comment? Voici :

Personne n'appartient à l'élite par sa naissance, ni par sa position. Il y faut son âme.

Par ce simple mot, vous voyez bien que vous n'appartenez pas tous à l'élite, mais vous êtes tous appelés à en faire partie. Tous vous avez cette vocation. En d'autres termes, Dieu vous invite à faire partie de l'élite : à vous de répondre à cette invitation.

Que vous soyez appelés à faire partie de l'élite, il n'y a aucun doute.

Si maintenant je vous rappelle quelques-uns des privilèges que vous avez reçus, vous savez bien, par l'habitude que vous avez d'entendre ma parole, que ce n'est nullement par flatterie. Je crois tout à fait que le moraliste, s'il fait rougir, doit plutôt chercher à susciter la confusion que l'orgueil. S'il parle des dons reçus, c'est pour rappeler les devoirs : s'il mentionne les privilèges, c'est pour faire songer aux responsabilités.

Les dons et les privilèges vous ont été octroyés abondamment. Une providence attentive vous a suivis dans la vie et a multiplié la bénédiction sur vos pas. Voyez plutôt.

Certes, l'une des plus grandes grâces qui puisse échoir à un homme est d'appartenir à une famille distinguée par l'honneur et la vertu ; car, par une conséquence des lois d'hérédité et d'éducation, c'est déjà être marqué soi-même pour l'honneur et pour la vertu. Telle est votre famille : que son nom l'indique ou ne l'indique pas tout d'abord, elle appartient à la noblesse. Elle a ses traditions, c'est-à-dire des principes sûrs, des habitudes de loyauté et de bravoure, des sentiments généreux, qui sont le legs précieux du passé. Elle a son sang qui, pour être de la même couleur que celui des autres hommes (*Omnis sanguis concolor*, disait Hippocrate), est épuré par l'effort et rendu valeureux par une longue application au bien. Par les traditions et par le sang, les aïeux, pleins de gloire, revivent et ont leur part d'action dans la vie des petits-fils. « Ce qui fait le trait essentiel de l'aristocratie, a écrit Aristote dans sa *Politique*, c'est la vertu longtemps cultivée par l'éducation dans une race d'élite. »

Votre famille possède la fortune,

cette chose dont quelques-uns abusent, mais qui, dans les desseins de Dieu, est donnée aux hommes, afin de leur servir d'instrument d'autorité, d'influence et de fécondité pour le bien.

Les traditions transmises dans votre famille étaient déjà un apport appréciable dans l'œuvre de votre formation; la fortune allait bientôt permettre d'y travailler plus complètement par le moyen de l'enseignement, qui vous faisait communiquer avec tout ce que la raison humaine a fourni de plus élevé dans tous les temps et dans tous les lieux : pages immortelles des littérateurs, leçons sublimes des philosophes, œuvres géniales des artistes... En effet, l'étude des lettres et des sciences produit plus que la lumière de l'intelligence et la culture de l'esprit; elle embellit l'imagination, porte à la réflexion, mûrit le jugement, développe et fait rayonner tout ce qu'il y a de meilleur dans l'homme. Les anciens ne disaient-ils pas : « *Humaniores litteræ* » ?

La noblesse de la naissance, la force des traditions, la haute culture de l'intelligence, la possibilité d'être un caractère, les facilités de la richesse, les grands exemples, les nombreux loisirs... tous ces biens possédés en eux-mêmes et dans les avantages qu'ils confèrent, ne sont-ils pas les plus beaux présents que puisse faire la nature à ses privilégiés ?

Toutefois, si nous dressons une échelle des valeurs, il est un dernier trésor qui l'emporte sur tous les autres : ce trésor est la foi, laquelle vous a fait devenir les enfants de Dieu et les héritiers du ciel. Beaucoup naissent dans le paganisme, dans l'hérésie, dans le schisme, dans des milieux indifférents. Vous êtes nés en pays catholique, de parents fidèles à leurs devoirs religieux. Dans les écoles que vous avez fréquentées, vous avez trouvé la même atmosphère de piété que dans votre famille. Les titres de créance de la religion vous sont connus : vous les avez trouvés lumineux et convaincants. A certaines heures, vous avez fait de la divinité de Jésus-Christ une expérience décisive et, pour ainsi dire, sensible. Vous avez compris ce qu'il y a de clarté et d'énergie dans le catholicisme, et la phrase de Pascal est montée à vos lèvres : « Certitude, certitude. Sentiment. Joie. Paix. Joie, joie, pleurs de joie. Renonciation totale et douce. »

Aussi, il vous est permis, en toute vérité, de prendre à votre compte cette page qu'écrivait Ozanam aux jours de sa jeunesse : « Je puis le dire, parce que je le dis à ma honte et à la gloire de Dieu. Peut-être personne ne reçut plus que moi de généreuses inspirations, personne ne ressentit de plus saintes jalousies, de plus nobles ambitions. Il n'est pas de vertu, il n'est pas d'œuvre morale ou scientifique à laquelle je n'aie été convié par cette voix mystérieuse qui retentit au fond de soi-même. Il n'est pas d'affection louable dont je n'aie ressenti l'attrait, pas d'amitiés et de relations précieuses qui ne m'aient été ménagées, pas d'encouragements qui m'aient manqué, pas une brise favorable qui n'ait soufflé sur ma tige pour y faire éclore des fleurs. Il n'est peut-être pas, dans la vigne du Père de famille, un cep qui ait été entouré de plus de soins et dont il puisse dire avec plus de justice : *Quid potui facere vineæ meæ et non feci?* »

Cependant, à côté de vous, le fils du pauvre avait un berceau sans illustration. Pressés par la faim qui crie et par la misère aux abois, ses parents avaient omis de lui préparer les dons qui font les races fortes et persistantes. Pour eux, pas d'instruction : l'instruction réclame les loisirs et la fortune. Pour eux, pas d'éducation : l'éducation n'est possible que dans un milieu sinon affiné, du moins distingué. Pour eux, pas de traditions : les traditions se forment peu à peu par la pénétration de l'intelligence, l'énergie du caractère, la généreuse direction du cœur... toutes choses qui ne naissent ni ne se développeut qu'au milieu du calme, d'une ambiance élevée et d'un certain bien-être. Pour eux, aucune de ces joies extasiantes qui proviennent de la fréquentation des belles âmes par la conversation ou les lectures; de la recherche et de la contemplation du beau dans la nature ou dans les arts; de l'effort et du sacrifice dans la poursuite du bien. Mais, à la place de tout cela, un travail matériel sans horizon, un pain parcimonieusement mesuré, des loisirs rares ou sans aucune dignité, l'impossibilité de se recueillir pour cultiver les choses de l'esprit et du cœur; la promiscuité, augmentée de la grossièreté dans les paroles et dans les manières, du manque de respect et, presque, du manque d'affection; les contacts obligés du vice et de l'immoralité... bref, une existence privée de tout ce qui poétise et grandit la vie individuelle et la vie familiale. Le mot de « foyer », de « maison paternelle », qui évoque chez vous tant de souvenirs charmants, n'a le plus souvent aucune douceur pour le pauvre.

Pourquoi Dieu vous a-t-il ainsi comblés de ses dons ? Je remarque d'abord que Dieu est l'auteur de ces dons. Aucun homme, si grandement doué et si haut placé que vous le supposiez, n'existe par lui-même, ni ne possède par lui-même quelque chose que ce soit : s'il possède davantage, c'est qu'il a plus reçu.

Dieu est, vis-à-vis de vous, ce maître très riche et très confiant dont il est parlé au chapitre XXV de l'Évangile selon saint Matthieu : « Un homme, partant pour un long voyage, appela ses serviteurs et leur confia ses biens, en tenant compte de leurs aptitudes respectives. Il remit à l'un cinq talents ; à un autre, deux ; à un autre il n'en remit qu'un. »

Vous êtes le serviteur qui a reçu cinq talents. La raison et la foi vous enseignent l'usage que vous devez en faire. Vous ne devez pas les laisser stériles ; vous ne devez pas les consacrer exclusivement à votre profit personnel ; vous devez les faire fructifier pour la gloire du Maître qui vous les a confiés et aussi pour les intérêts du prochain ; car, en plaçant ces talents entre vos mains, Dieu les a donnés à toute l'humanité.

« A qui il a été beaucoup donné, il sera beaucoup demandé », dit saint Luc, dans un verset qui est bien propre à vous porter à réfléchir et à agir. « Une terre qui boit souvent la rosée du ciel et les rayons du soleil, et qui demeure stérile, sera frappée de malédiction », enseigne un autre texte sacré. La première partie de ces deux textes s'adresse à vous. Vous avez beaucoup reçu ; la rosée et les rayons célestes tombent abondamment sur vous. Le moment viendra où la seconde partie se réalisera également pour vous : il vous sera beaucoup demandé. Et si vous avez été des inactifs, vous serez des maudits. Oui, un jour, vous serez jugés très exactement, inexorablement, sur l'emploi que vous aurez fait de chacune de vos supériorités, et vous gémirez alors d'avoir été favorisés, si vous n'avez pas été diligents et utiles. C'est pourquoi ne considérez jamais vos privilèges sans penser à vos devoirs, et comprenez la leçon que renferme ce mot du poète :

J'ai l'extase et j'ai la terreur d'être choisi.

« O Dieu, s'écrie le P. Gratry, jusqu'à quand un homme, quel qu'il soit, recevant de Dieu un rayon quelconque de vie, ou la force, ou la jeunesse, ou la santé, ou la science, ou la foi, ou tout autre don de la grâce, ou seulement l'or et l'argent, croira-t-il que ce rayon doit s'arrêter à lui et s'enfouir en lui, et refusera-t-il de comprendre que tout rayon venant de Dieu est une force à transmettre pour la multiplier ? »

Or, vous avez reçu à peu près tout cela. Il vous est interdit d'enfouir le rayon en vous, de l'arrêter à vous.

Quelle sera d'abord votre attitude

vis-à-vis de la fortune? Dans le plan providentiel, la fortune, chez ceux qui en sont les bénéficiaires, n'est point pourvoyeuse de satisfactions égoïstes. Dieu la place entre les mains de quelques-uns, mais il la donne à toute l'humanité : elle est en fonction de vie meilleure pour l'ouvrier et pour le pauvre; elle aspire à se transformer en travail et, dès lors, en soutien et en joie pour ceux qui en furent déshérités primitivement.

L'intelligence unie aux loisirs est également un don à exploiter. Qu'elle rayonne donc de celui qui la possède à ceux de ses frères qui ne l'ont pas au même degré ou qui n'ont pas le temps de la mettre en valeur. On a dit des idées qu'elles mènent le monde : c'est exprimer du même coup la royauté de l'intelligence. Mais l'intelligence et les idées entrent en circulation et manifestent leur pouvoir par la parole et par la plume. De fait, n'est-elle pas surprenante, à notre époque surtout et dans notre pays, l'influence exercée par la parole et par la plume? Aussi quiconque est capable de tenir une plume, quiconque porte en lui quelque flamme d'éloquence, est obligé de parler ou d'écrire, ou bien il s'expose au châtiment du serviteur qui laissa son talent improductif.

Une plus grande force encore est celle que communique un caractère énergique. Certains hommes naissent avec une âme de feu et de fer, sachant ce qu'il faut vouloir et voulant ce qu'il faut. Mais, le plus souvent, l'énergie, loin d'être une irruption soudaine dans la vie, est la lente émergence d'un caractère qui se développe dans les luttes de chaque jour et s'affermit devant chaque nouvel obstacle. La volonté est la clef de voûte des fortes vies. Avec les autres qualités, on arrive à briller et, dans une certaine mesure, à jouir; avec la volonté, on se grandit, on s'achève, on devient utile; avec les autres qualités, on a la possibilité de faire partie de l'élite; on y entre avec la volonté. A cause de cela, renouvelez-vous chaque jour dans l'effort, en vous portant courageusement d'un devoir à l'autre; formez continuellement en vous l'homme énergique, par la persévérance à entreprendre, à continuer, à recommencer. En devenant maîtres de vous et chez vous, vous vous forgerez une âme de chef qui saura, plus tard, transmettre et suggestionner aux autres quelque chose de sa propre énergie. Ce qui fait que beaucoup de commandements ne sont pas obéis, c'est que souvent l'inférieur devine dans la voix ou dans l'attitude de son supérieur qu'il n'est pas en présence d'une volonté.

La foi que vous avez reçue est appelée, elle aussi, à se développer. Elle est semblable au grain de sénevé qui devient un arbre : plus d'étude la fait mieux connaître ; plus de connaissance la fait mieux aimer et mieux pratiquer. Mieux répandre également. Parce que de toutes vos richesses elle est la plus précieuse et parce que, de sa nature, elle est la plus désireuse d'expansion, apportez tous vos soins à la communiquer. Dans la prière que vous adressez au Père qui est dans les cieux, vous dites : « Que votre règne arrive ! » Dieu compte sur vous pour amener l'extension de ce règne et pour fournir un moissonneur de plus aux moissons blanchissantes ; il veut que vous soyez un serviteur et un sauveur des âmes ; il vous attend pour faire entendre sa parole à tel ou tel de vos frères jusqu'ici éloignés de lui.

La foi qui ouvre le ciel est aussi la grande force de la vie présente et la seule puissance capable de vaincre le monde. Là où elle n'est pas victoire, elle est encore espérance et consolation.

Par ailleurs si votre famille a conquis quelque gloire dans le passé, si la célébrité s'est attachée à votre nom, songez à fournir votre contribution à cet héritage, vous souvenant de la parole de Dante : « Tu es véritablement un manteau qui raccourcit bien vite, et si l'on n'y ajoute pas de drap tous les jours, le temps le ronge tout autour avec ses ciseaux, ô noblesse du sang! »

Ainsi, la naissance, les traditions, la fortune, les loisirs, l'intelligence, la volonté, la foi, voilà les présents que Dieu distribue à quelques hommes pour qu'ils profitent à tous; voilà les virtualités qui orientées et agrandies préparent les âmes d'élite; voilà les prêts mystérieux qui imposent à ceux qui en jouissent les plus lourdes responsabilités; voilà, quand elles sont bien exploitées, les forces qui produisent les réactions décisives et déterminent, dans le milieu des écoles comme parmi les peuples, les mouvements salutaires.

La volonté divine, clairement manifestée, est que vous fassiez valoir ces dons; sans quoi, vous priverez Dieu de sa gloire; sans quoi vous ne réaliserez pas les vues divines à votre endroit et vous n'atteindrez jamais la taille d'homme qui vous était marquée ; sans quoi vous frustrerez le prochain des biens auxquels il a droit, et vous vous exposerez à des représailles.

CHAPITRE XI

Si le sel s'affadit

Quiconque a des privilèges doit chercher à se rendre utile, quiconque a des devoirs encourt des responsabilités. « Il y a deux faces au privilège : la prérogative en est une, le service public en est une autre » (P. Bourget). Ce n'est pas seulement pour soi, ni pour attirer à soi qu'un homme a reçu des dons plus riches que ceux du commun, c'est pour aller vers les autres hommes et pour partager son surplus avec les moins favorisés. « Nous sommes les riches, c'est à nous de payer », disait avec raison un jeune. En quoi il faisait écho à la grande voix de Bossuet : « Considérons donc, chrétiens, tout ce que Dieu a mis en nous de pouvoir, et, le regardant en nos mains comme le talent dont nous devons compte, prenons une sainte résolution de le faire profiter pour sa gloire, c'est-à-dire pour le bien de ses enfants » (*Sermon sur l'Ambition*). Vivre pour le bien de son pays, pour l'avantage de ses concitoyens, en conformité avec sa foi, tel est le devoir. C'est surtout par leur aptitude à servir les petits que les grands se révèlent grands, tandis que les médiocres ne savent que se servir eux-mêmes et faire effort pour se servir des autres.

Vous êtes de ceux que l'on peut appeler grands ou, si vous ne l'êtes pas, une seule chose vous manque pour le devenir, votre volonté. Mais enfin, suivant l'expression employée tout à l'heure, vous avez la vocation d'être grands, vous êtes appelés à faire partie de l'élite.

Il est nécessaire que vous le sachiez. Ernest Psichari a écrit : « Lorsqu'un homme supérieur cesse de se croire supérieur, il cesse effectivement d'être supérieur. » (*Terre de sommeil et de soleil*, chap. VI.) Une condition pour se rendre utile est de savoir qu'on a la mission d'être utile.

Ne ressemblez pas à ces privilégiés de la fortune qui semblent plus occupés de leurs plaisirs que de leur devoir social et qui, dès lors, démissionnent de la façon la plus lâche du rôle qui leur était donné. D'après un héros de M. François de Curel, « il y a des déclassés d'en haut comme il y a des déclassés d'en bas ». Ces déclassés sont ceux qui ne s'occupent pas de rendre les autres plus heureux et meilleurs.

Travaillez à vous perfectionner intellectuellement et moralement, naturellement et surnaturellement. Tant vaut l'ouvrier, tant vaut l'œuvre.

Acceptez d'être chef, de conduire. Partout où vous irez, il y aura des esprits sans énergie, sans initiative, des âmes moutonnières. Il leur faut un berger. A vous de prendre la houlette, non pour tyranniser ou pour frapper, mais pour guider. Si vous ne la prenez pas, elle tombera entre les mains de quelques mauvais pasteurs, et d'autres feront le mal parce que vous aurez refusé de faire le bien.

Le peuple ne se réformera que lorsque ses maîtres se seront réformés et s'appliqueront à le réformer. Au lieu de gémir sur la décadence d'en bas, luttons contre la décadence d'en haut. Comme le poisson, le peuple pourrit par la tête. Dans sa dernière résidence, à Claremont, Louis-Philippe disait mélancoliquement : « Le peuple n'est jamais coupable. » C'était, sans doute, beaucoup d'indulgence, mais toutefois avec un grand fond de vérité.

Relisons ensemble les graves enseignements de l'Écriture. « Dieu, dit l'Ecclésiastique, a recommandé à chaque homme de s'occuper de son prochain, de tout son prochain » (XVII, 12). Comment s'occuper de notre prochain? Saint Paul explique en disant que c'est un rôle d'utilité et d'édification que nous devons remplir. « *Unus-*

quisque proximo suo placeat in bonum ad ædificationem » (xv, 2).

Tous sont obligés à cette loi, mais, ainsi que nous l'avons dit, les uns y sont plus obligés que les autres. Nul ne l'a rappelé avec plus de force et d'insistance que Notre-Seigneur Jésus-Christ :

« Un matin, que le Sauveur allait de Béthanie à Jérusalem, il eut faim.

« Voyant alors un figuier planté le long du chemin, il se dirigea vers lui. Mais ce figuier n'avait que des feuilles. Alors, Jésus dit : « Qu'il ne naisse jamais de fruit de toi. » Et à l'instant le figuier se dessécha. » (Matth. xxi, 18-20.)

Une autre fois, Jésus raconta cette parabole :

« Un homme avait un figuier qui était planté dans sa vigne ; il vint un jour à cet arbre pour cueillir du fruit et il n'en trouva pas.

« Alors il dit à celui qui cultivait la vigne : Voici trois ans que je viens pour cueillir du fruit à ce figuier, et je n'en trouve pas : abats-le donc, car pourquoi occupe-t-il la terre ? » (Luc, XIII, 6-7.)

Ce ne sont pas des feuilles que le jardinier demande à l'arbre, mais des fruits. De même, ce ne sont pas des titres, ni des honneurs, ni de l'éclat extérieur que Dieu attend de l'homme, mais des fonctions, de l'utilité, des services. S'il n'en trouve pas, il prononcera devant l'homme inutile la sentence que le jardinier prononce devant le figuier stérile : « Abats-le donc, car pourquoi occupe-t-il la terre ? »

Voici maintenant la parabole des talents :

« Un homme, partant pour un

lointain voyage, appela ses serviteurs et leur confia ses biens.

« A l'un il donna cinq talents, à l'autre deux, à l'autre un, à chacun selon sa propre capacité, et il partit aussitôt.

« Celui qui avait reçu cinq talents les fit valoir et en gagna cinq autres.

« De même, celui qui avait reçu deux talents en gagna deux autres.

« Mais celui qui avait reçu un talent l'enfouit dans la terre et ainsi cacha l'argent de son maître.

« Après une longue absence, le maître revint et demanda compte à ses serviteurs...

« Celui qui avait reçu un talent s'approcha après les autres, et dit : Maître, je sais que vous êtes un homme dur, que vous moissonnez où vous n'avez pas semé.

« Aussi je suis allé, plein de

crainte, et j'ai caché votre talent dans la terre : voici ce qui est à vous.

« Le maître lui dit : Serviteur mauvais et paresseux, tu savais que je moissonne où je n'ai pas semé et que je recueille où je n'ai rien mis.

« Tu devais donc mettre mon argent entre les mains des banquiers, afin qu'à mon retour je retirasse avec usure ce qui est à moi.

« Qu'on lui ôte le talent qu'il a, et qu'on le donne à celui qui a dix talents.

« Car on donnera à tous ceux qui ont déjà, et ils seront comblés de biens; mais pour celui qui n'a point, on lui ôtera même ce qu'il semble avoir.

« Et qu'on jette ce serviteur inutile dans les ténèbres extérieures.

« C'est là qu'il y aura des pleurs et des grincements de dents. »

Bien plus grand encore eût été le mécontentement du maître, si c'eût été le serviteur chargé de cinq talents qui les eût enfouis dans la terre et eût manqué de les faire valoir.

Or vous êtes le serviteur à qui il a été remis cinq talents. Attendez-vous donc à un jugement rigoureux, si vous ne faites pas valoir votre trésor.

Mais voici une déclaration et une condamnation plus précises :

Le sel, dont il est question dans l'Évangile, doit, par destination divine, être mêlé à la terre, pour en corriger l'affadissement.

En conséquence, deux conditions s'imposent. La première, c'est que ce sel doit avoir sa pleine saveur; il doit être vraiment sel, c'est-à-dire être un élément capable d'assainir, d'empêcher la corruption, de donner un goût qui combatte l'insupportable fadeur.

La seconde condition, c'est que ce sel ne doit pas être conservé dans un bocal ; autrement il ne remplira pas sa mission, il n'agira pas sur la terre, et celle-ci, laissée à elle-même, ira à la corruption.

Vous comprenez l'apologue.

Vous êtes le véritable sel du monde moral. C'est pourquoi vous devez être forts et énergiques, vous devez avoir, à un degré élevé, la valeur et la vaillance, vous devez réaliser en vous des exemplaires toujours plus hauts d'hommes et de chrétiens.

Vous devez secondement entrer en relations avec vos frères, vous mêler à eux pour les rendre meilleurs.

Autrement, vous serez foulés aux pieds, vous perdrez toute estime et toute considération, vous serez frappés et condamnés et, finalement, vous disparaîtrez.

Si l'aristocratie et la bourgeoisie ne veulent pas ou ne savent pas remplir leur rôle de classes dirigeantes, elles n'ont plus leur raison d'être et elles cesseront de vivre. A quoi bon, en effet, des dirigeants qui ne dirigent pas ?

Songez donc que vous devez être le cerveau du pays, son âme supérieure, que c'est par vous que le pays doit penser, vouloir, agir. Il vous attend. Hélas ! le pays a parfois attendu en vain. D'où, en particulier, ces plaintes que Lysis faisait naguère entendre :

« Si l'on nous demandait d'énoncer la cause première de la décomposition dont nous souffrons, après avoir décrit les ravages exercés par les politiciens qui se sont abattus sur la France comme une nuée de sauterelles, force nous serait d'aller plus loin et de dire que la responsabilité des maux actuels incombe en dernière analyse à la bourgeoisie, qui n'a pas su jouer son rôle de classe directrice dans certains domaines, qui sont devenus, par suite de l'évolution du monde, les plus essentiels.

« Cette impuissance apparaît dans la situation actuelle ; il n'est pas possible à l'homme qui réfléchit de ne pas trouver stupéfiant que la direction des esprits soit de nos jours l'œuvre d'une poignée d'agitateurs d'une moralité médiocre et de chétives connaissances, qui sont laissés libres de manipuler l'opinion, comme ils l'entendent, en dehors de toute concurrence et sans rencontrer la moindre résistance de la part des hommes qui, possédant une instruction supérieure et remplissant des fonctions élevées, représentent l'élite de la nation incontestablement par leurs capacités. »

Il n'est nullement question pour les classes dirigeantes ou pour les autorités sociales d'écraser ni de dominer orgueilleusement, mais d'encadrer, d'améliorer, de servir.

Après la négligence du devoir, vient le châtiment. A notre époque surtout, les représailles sont terribles. Ne voit-on pas fréquemment, depuis plus d'un siècle, de ces soubresauts produits par l'envie et la colère, produits parfois, dirai-je, par un sentiment du droit et de la justice qui s'égare?

Remarquez comment sont tombées ou, du moins, comment ont été découronnées de leurs attributions et de leurs prestiges, les différentes élites ou aristocraties qui s'étaient élevées à la faveur des événements et des services rendus. Toutes ont eu leur nuit du 4 août. Aristocraties nobiliaires, aristocraties bourgeoises, aristocraties militaires, toutes ont disparu quand, aveuglées par l'égoïsme, elles n'ont plus vécu que pour elles-mêmes. Elles avaient méconnu leur raison d'être; aussitôt elles avaient perdu leur raison d'être. La loi est claire et inéluctable : Une aristocratie, une élite ne subsiste qu'autant qu'elle sert. « Les nobles de l'ancien régime, a écrit Faguet, ont perdu leur influence sur le peuple des campagnes, soit parce qu'ils ne résidaient pas, soit parce que, s'ils résidaient, ils ne résidaient pas utilement, résidant pour chasser et pour accabler les paysans de vexations relatives et utiles à leurs chasses. »

Elles sont plus que jamais à méditer par tous ceux qui sont privilégiés, les paroles que le duc d'Orléans écrivait, en 1842, dans son testament politique, à l'adresse de ses fils : « Tâchez de vous faire pardonner d'être prince. »

Je vous dirai pareillement : « Tâchez de vous faire pardonner vos biens matériels et spirituels. » Mais comment vous les faire pardonner ? Le duc d'Orléans l'expliquait, en ajoutant : « Le seul moyen de se faire pardonner d'être prince, c'est de faire en tout plus que les autres. »

Il se peut que, jusqu'ici, vous n'ayez pas suffisamment compris votre rôle, vos obligations, la nature et le sens des avantages qui vous sont échus.

Examinez-vous sérieusement sur ce que vous êtes et sur votre attitude à l'égard de ce que vous avez. Ne vous laissez pas éblouir, comme tant d'autres, par le côté brillant et futile des choses. Ne soyez pas de ceux qui ne voient, dans leurs qualités personnelles et dans la noblesse de leur maison, qu'une matière à concevoir de la hauteur ou de la morgue. Défiez-vous des pièges que tend la richesse, et, sur le point d'engloutir follement des sommes plus ou moins considérables dans un bijou, dans un petit repas fin, dans les caprices d'une sortie, et plus tard, dans une soirée d'hiver, dans une représentation de gala, songez qu'il y a des pères et des mères qui vous maudissent, parce qu'ils manquent d'un morceau de pain pour le repas de leurs enfants.

Donnez un emploi sacré à votre temps; travaillez, instruisez-vous, mettez-vous à même de défendre par le discours ou par le livre tant de nobles causes qui sont outragées chaque jour.

A un moment où les sciences sont en honneur, poussez aussi loin que possible vos études scientifiques : aucun prestige n'est à négliger. Un contemporain de la duchesse de Berry a écrit ces lignes qui sonnent comme une condamnation : « Comprenant mal les exigences de son haut rang, elle n'avait jamais songé combien c'est un métier sérieux d'être princesse au XIXe siècle, et elle ne prétendait y puiser que de l'amusement et des plaisirs. »

Le XXe siècle ne peut en pareille matière qu'être plus sévère encore que le XIXe; ayez donc une haute idée de votre métier, pour ne pas devenir victimes des événements qui firent périr l'infortunée princesse.

CHAPITRE XII

A un prêtre

... Quelques mois avant de mourir, Brunetière publiait dans la *Revue des Deux Mondes* un article intitulé l'*Equation fondamentale.* Il y montrait que société égale morale, morale égale religion, religion égale Christianisme, Christianisme égale Catholicisme.

Une autre « équation fondamentale » peut être établie. La voici : la valeur d'une paroisse, d'un collège, d'un groupement quelconque égale l'élite qui vit et qui agit au milieu de cette paroisse, de ce collège, de ce groupement.

Ceci n'est pas nouveau. Vous le pouvez lire à toutes les pages de l'histoire, soit de la grande histoire du monde ou d'une nation, soit de la petite histoire de la société restreinte dans laquelle vous vous trouvez. Les moments de vie féconde, qui ont donné naissance aux œuvres encore existantes, les moments d'où est parti l'élan qui influe toujours sur la marche des choses autour de vous, sont ceux où une élite s'est formée pour l'action.

Aussi une chose est-elle à faire partout — et nous nous permettons de la recommander instamment à nos confrères : c'est, sous une forme quelconque, la formation d'un bataillon d'élite.

Si le prêtre a, dans chaque paroisse, un rôle de premier plan, il ne peut jouer tous les rôles et remplir toutes les tâches. Il a besoin d'un état-major, qui collabore avec lui à la rédaction des plans à tracer et de l'exécution à accomplir. Cet état-major aidera le prêtre, et, au besoin, dans certaines circonstances, le remplacera.

Qu'est-ce qu'un état-major, sinon le double ou le prolongement de la personnalité du chef? Puisque le chef est limité de tous côtés, par le temps, par l'espace, par la capacité, il est réduit à compter sur des aides qui, en se multipliant selon les besoins, laissent cependant intacte l'unité de la direction. Tout chef doit donc rechercher un état-major qui lui apporte des yeux, des mains, des jambes, des oreilles, des lèvres, des cerveaux, des mémoires, des compétences, par lesquels seront décuplés ses moyens de voir, d'écrire, d'entendre, d'étudier, d'agir.

Quoique le prêtre, qui est chef et père, n'ait pas besoin d'intermédiaire entre lui et son troupeau spirituel, cependant il ne peut, de prime abord, ou aussi souvent qu'il le voudrait, atteindre tous les points du bercail ni toutes les brebis. Dans certaines régions, en particulier, le contact est perdu entre les pasteurs et la majeure partie de la population. Comment atteindre ces étrangers qui sont des fils et ces dissidents qu'il faut rendre fidèles? Par le moyen d'une élite.

Devant ce qu'on appelle, depuis des milliers de siècles, le malheur des temps (*Dies peregrinationis meae... parvi et mali*, Gen. XLVII, 9; *Dies mali sunt*, Eph. V, 16), quelques-uns murmurent la triste parole : « Il n'y a rien à faire. » Mais cette parole ne doit jamais tomber de lèvres sacerdotales. En effet, le prêtre a le meilleur des associés : Dieu, le Père tout-puissant, créateur et providence ; Jésus-Christ, mort sur la croix dans une richesse de rédemption, qui s'étend à toutes les époques et à toutes les misères ; l'Esprit sanctificateur, qui passe sur les âmes en souffle violent de Pentecôte ou en brise légère d'Annonciation, et qui agit souverainement sur les cœurs.

Nous sommes, ici-bas, l'Église militante, non l'Église gémissante ; et, pour les combats que nous avons à soutenir, pas de meilleure ressource qu'une élite.

Il est impossible de donner, d'un seul coup, à une paroisse l'esprit chrétien, la sève évangélique ; mais il est toujours possible de travailler à des renaissances individuelles, de faire surgir ces vies nouvelles dont parlait Notre-Seigneur.

Les individualités énergiques, placées çà et là dans une collectivité, ressemblent à ces poteaux télégraphiques auxquels on suspend les fils communicateurs qui relient les divers points éloignés les uns des autres; les individualités fortement trempées de christianisme, finissent par former des familles qui leur ressemblent, elles fondent des œuvres qui durent et dont l'action atteint peu à peu tous les points d'une localité. Finalement, quelques individualités procurent l'ascension globale des âmes vers le bien. Et la paroisse, qui a d'abord gagné en valeur individuelle, finit par gagner en valeur globale : la quantité a suivi la qualité.

Mettons-nous donc à la constitution d'une élite. Ne nous attardons pas à pleurer les privilèges qui nous ont échappé, ni les libertés que nous avons perdues. Nos privilèges les plus précieux ne nous ont pas été ôtés, et nous sommes sûrs de les garder toujours. Beaucoup de libertés nous restent encore, et la meilleure manière d'acquérir des libertés nouvelles n'est-elle pas de mettre à profit celles que l'on possède ?

« J'ai toujours des raisons de vivre », disait Napoléon, après l'abdication de Fontainebleau. Et nous, nous avons toujours des possibilités et des moyens d'agir. Aucun moyen n'est plus puissant que l'existence à côté de nous, et l'action avec nous, d'une élite.

Comment former une élite ?

Il est, dans presque toutes les localités, des familles chrétiennes ; il faut les affermir et les grouper. Il est partout quelques jeunes gens mieux disposés à mener la vie chrétienne; il faut les aider à se trouver eux-mêmes et à se dépasser toujours. Il est de jeunes enfants en qui le mal n'a pas creusé ses sillons maudits, et qu'une culture prévoyante et attentive peut acquérir au bien : voilà surtout la bonne terre à préparer et à ensemencer.

Le grand pape qui avait pris pour devise : « *Instaurare omnia in Christo* », et qui a pressé avec tant d'instances les enfants de venir de bonne heure à la sainte Table, a facilité partout la création d'une élite. Dans les jeunes âmes souvent visitées par l'Eucharistie, la vertu se développe comme dans sa terre naturelle, et les fruits qu'elle peut produire sont incalculables.

En prenant une à une ces petites âmes, en leur révélant le Christ, en leur faisant entendre les enseignements de l'Évangile spécialement formulés pour eux, en les initiant à l'amour de Jésus-Christ, en leur parlant déjà d'une action chrétienne à exercer, autour d'eux, on met vraiment en eux des germes de vie surnaturelle et d'apostolat. L'emprise du Christianisme est sur eux ; ils la porteront toute leur vie et ils la marqueront sur d'autres. « Tout ici-bas a besoin d'apporter ou de recevoir sa lueur, sa flamme ou son étincelle, son feu quel qu'il soit, vif ou doux, mais qui éclaire et irradie l'homme, l'endroit ou l'objet sur lequel il s'élève, et la mission du prêtre est toujours de démêler l'astre et de le créer quand il manque et de le rallumer quand par malheur il s'éteint. »

Que ne peut une éducation sagement poursuivie sur une âme d'enfant ; une lumière, la lumière apportée par Jésus, projetée sur l'intelligence ; un amour, l'amour de Jésus et de tout bien inoculé peu à peu dans un cœur, une volonté sans cesse dirigée et stimulée vers le bien ? C'est ainsi d'ordinaire qu'ont commencé les futurs amis de Dieu et des hommes, les ouvriers de toutes les heures et de toutes les bonnes tâches, qui ont travaillé dans le champ du Maître.

Parmi les enfants les plus pieux, les plus intelligents, parmi ceux dont l'énergie se révèle dans le commerce avec leurs camarades, prenez quelques élus, invitez-les à la piété, interrogez-les sur la façon dont ils accomplissent les actes de leur vie religieuse, habituez-les à la pensée de la présence de Dieu, insistez sur la nécessité, pour chacun, de se conquérir. Parlez-leur de la mortification et du sacrifice. Indiquez-leur des lectures, ne tardez pas à les initier aux premiers travaux de l'apostolat, stimulez leur ardeur pour l'étude. Révélez-leur le livre de Dieu qu'est la sainte Écriture et le livre de Dieu qu'est la nature. Profitez des longues veillées d'hiver qui, à la campagne, laissent libres tant d'enfants et d'adolescents ; profitez, à la ville, des loisirs que donne à l'apprenti et au jeune ouvrier la journée de huit heures.

En des pages charmantes, l'écrivain délicat, le fin psychologue et le saint prêtre que fut Mgr Baunard, a raconté l'éveil de sa vocation sacerdotale et comment il fut amené à la vie de l'esprit et du cœur :

« Je me souviens des promenades à deux dans lesquelles le vénérable curé de notre paroisse, un prêtre de haute distinction intellectuelle et religieuse, me faisait admirer, adorer, aimer la main de Dieu dans ses ouvrages des champs : « Vois-tu, mon fils? Sur chaque feuille, chaque plante, je vois écrit le nom de Dieu, du bon Dieu ! »

« ... Je me souviens — oh ! laissez-moi me souvenir —, je me souviens de ces dimanches bien lointains aujourd'hui, où le saint curé de notre paroisse, une bourgade, faisait à son peuple, en chaire, la lecture de l'Évangile du jour, dans un beau et grand volume doré, orné de signets. Il nous le commentait ensuite à la manière des Pères, tenant ouvert devant lui le texte sacré dont il prononçait chaque parole avec un accent de religieuse autorité qui nous y faisait reconnaître et révérer la parole de Dieu même. Je l'écoute encore... »

Bientôt il sera temps de réunir les jeunes disciples ainsi préparés un à un. Un groupement leur apportera le charme d'une aimable compagnie, multipliera leur force et leur ardeur, leur fera mieux prendre conscience des motifs qu'ils ont d'agir et les soutiendra dans l'effort. Mais qu'ils soient peu nombreux, tout d'abord ; ne tombons pas dans la grave superstition du nombre.

Une après-midi de dimanche, après vêpres, une fanfare paroissiale entrait dans un bois qu'elle faisait retentir du son du cor et des tambours. Un vicaire très zélé conduisait la petite troupe. Il avait des musiciens, mais il se plaignait de ne pas avoir les jeunes chrétiens ardents qu'il aurait voulu former, ni, non plus, des jeunes gens intéressés au savoir et à l'action. Un prêtre l'accompagnait, tenant en main *la Croix*. Il demande à parler aux enfants. C'est d'abord par interrogation qu'il procède : Quelle est la fête de demain ? Et quand deux ou trois enfants ont répondu, il fait lire à l'un d'eux, sur son journal, le titre d'un article : *l'Exaltation de la sainte Croix*. Il continue les demandes : Qu'est-ce que la Croix ? Combien y a-t-il de fêtes de la Croix ? Que rappelle le Vendredi-Saint ; que rappelle l'Invention de la Sainte Croix ; que rappelle l'Exaltation de la Sainte Croix ?...

C'est merveille de voir sur les jeunes physionomies la lueur d'intelligence que fait briller chacune de ces questions. Ensuite, le prêtre lut l'article de la *Croix* en s'interrompant de temps à autre pour expliquer ou pour questionner. L'intérêt apporté aux explications et les réponses indiquèrent les enfants qui paraissaient le plus intelligents. Après cette courte expérience, un cercle d'études très modeste fut fondé. Il a donné d'excellents paroissiens, il a fourni quelques séminaristes.

Des fanfares, des patronages, des groupements d'enfants de chœur... sont choses excellentes à instituer, mais, partout là, il faut encore une élite, noyau d'âmes plus pieuses, plus studieuses. Cette élite peut se constituer en Cercle d'études.

« Le Cercle d'études n'est autre chose qu'une réunion où, par un travail fraternel, on s'efforce d'acquérir le complément d'instruction et de formation religieuses, morales et sociales, nécessaire aujourd'hui non seulement pour être honnête homme, citoyen conscient et chrétien solide, mais aussi pour exercer une influence autour de soi et agir efficacement dans le milieu où l'on vit... L'œuvre propre du Cercle d'études est de créer des individualités robustes, aptes à la conquête. » (Cf. A. Leleu, *Les Cercles d'Etudes*. Action populaire, tract 56. — H. Ducornet, *Pourquoi les Cercles d'Etude ? Comment les organiser*. Action Populaire, tract 106.)

Si petit que soit le groupement, il est important de bien choisir le chef et les différents titulaires. Dans les plus humbles sociétés, comme au sein des vastes peuples, le fameux principe anglais a sa place : *The right man in the right place.* L'échelle des charges ou des dignités doit toujours s'établir d'après l'échelle des valeurs. Il en est qui semblent nés pour commander ; ils ont non seulement l'énergie intérieure, mais l'attitude, la voix du chef ; d'autres sont faits exprès pour manier les modestes finances du groupe ; d'autres possèdent déjà le secret de rédiger les habiles comptes-rendus. Tout va mieux, quand il y a concordance plus entière entre les exigences du poste et les capacités des fonctionnaires.

Quelles questions étudier dans les Cercles d'études ? Quelles œuvres entreprendre, qui soient en harmonie avec les forces dont on dispose ?

Pour avoir des vues générales — et particulières — il est bon d'être en relation avec le bureau central de *l'Association catholique de la jeunesse française* (14, rue d'Assas, Paris), et avec *l'Action populaire* (51, rue Saint-Didier, Paris), et de recevoir les « Annales » de celle-là et les « tracts » de celle-ci. On arrivera facilement ensuite à faire des applications sur place. Chaque pays, par sa position, par ses traditions, par ses possibilités et ses ressources propres, par ses besoins particuliers, fournit des indications. Ce qui convient à une région ne convient pas à une autre. On ne procédera pas suivant les mêmes formules avec des laboureurs, des marins, des ouvriers.

En bonne pratique, on ne copie pas, on s'adapte. Semblable au Père de famille dont parle l'Écriture, l'élite a dans son trésor les richesses anciennes et les richesses nouvelles. Toujours capable de se perfectionner et y tendant sans cesse, elle se garde bien de rejeter ni les institutions, ni les moyens qui ont pour eux le témoignage de l'expérience.

On habituera les adolescents, les jeunes gens à observer, à rechercher ce qui manque, à proposer des moyens d'action. On les incitera à répandre des idées justes et à fonder des œuvres utiles. Tantôt ils seront camelots de bons journaux, prêteurs de livres utiles, conférenciers, tantôt ils participeront à la fondation de mutualités, d'assurances, de syndicats, d'association scolaire; ils seront les lieutenants du prêtre pour toute œuvre bonne.

S'il s'agit de la formation religieuse, le moyen qui a le plus d'efficacité est l'envoi des jeunes à une retraite fermée. Dans le présent, comme dans le passé, il y a là une force souveraine d'action sur les âmes.

C'est que, dans la retraite, se rencontrent, liées en un faisceau, toutes les puissances du Christianisme : la parole de Dieu, la lecture, la méditation, le recueillement, l'examen, la confession, la communion, les résolutions...

Tous les saints et tous les grands chrétiens ont passé par cette école de formation.

Dans sa *lettre à un jeune homme sur l'utilité de la retraite spirituelle*, saint Alphonse de Liguori écrit : « Saint Charles Borromée se mit à mener une vie parfaite dès la première retraite qu'il fit à Rome. Pareillement, saint François de Sales attribuait à cette pratique le principe de sa vie angélique. Le P. Louis de Grenade, homme d'une grande vertu, disait que sa vie entière ne lui aurait point suffi pour expliquer les nouvelles connaissances des choses éternelles qu'il avait découvertes en faisant les *Exercices spirituels*, qu'il appelait une école de sagesse céleste ; et le P. Louis de Blois, bénédictin, disait que c'est un précieux trésor que Dieu a mafesté à son Église dans ces derniers temps, et qu'on doit lui en rendre des actions de grâces spéciales. »

Les retraites font les saints ; un saint vient de nous le rappeler. Elles font aussi les chrétiens d'élite ; un chrétien d'élite va nous le dire.

« Il faut, s'écriait M. de Mun, en parlant de la ferveur qui animait les membres de l'œuvre des Cercles, que je vous dise où s'allume ce foyer qui ne s'éteint jamais : c'est dans nos retraites annuelles. Là, pendant trois jours, devant Dieu, sous la direction d'un prêtre rompu à la manœuvre des âmes, nous nous rassemblons, nous prions, nous méditons, nous essayons de fouler aux pieds les difficultés, les obstacles semés sur la route, d'arracher les épines, compagnes inséparables du travail humain ; puis nous échangeons nos idées, nos craintes, nos espérances ; nous disons les résultats obtenus, les échecs essuyés ; nous apaisons nos cœurs, s'il le faut ; nous fortifions nos âmes, nous renouvelons nos serments à Jésus crucifié, et nous sortons de là plus forts, plus joyeux, plus résolus ; nous en sortons aussi nous aimant davantage et, par ce temps de luttes stériles et de tristes discordes, il n'y a pas pour le cœur de plus douce et de plus salutaire émotion. »

Les jeunes auxquels nous saurons ménager les bienfaits d'une retraite fermée, nous reviendront affermis, voyant avec évidence leur rôle pour le maintien et le progrès de la vie surnaturelle dans leurs localités ; décidés, plus que jamais, à développer, parmi leurs contemporains une mentalité et des tendances aussi chrétiennes que possible ; bien résolus, pour leur part, à se montrer véritables disciples du Christ et, conséquemment, à s'affranchir de tout respect humain, à fréquenter assidûment la Sainte Table, à prendre part aux offices et à toutes les manifestations de la vie paroissiale, bref, à être catholiques partout, en tout et toujours, c'est-à-dire à mettre le Christ dans toute leur vie et, peu à peu, dans toute vie.

Qu'aucun de nous ne dise qu'il n'est plus d'âge à bâtir ni à planter. Il suffit de quelques minutes pour poser la première pierre d'un édifice et pour mettre en terre une racine ou une semence. La vie surnaturelle ne doit pas s'éteindre après nous, mais tant mieux si elle se continue un peu par nous.

« Les inoculations qui régénèrent ne se font pas en masse, mais en détail. Il faut constituer des foyers de vie surnaturelle, d'où la contagion du bien se répande. Quelques-uns d'entre nous ont pu rêver, à certaines heures, d'une conquête collective par l'influence du pouvoir. Dieu ne l'a pas permis.

« C'est l'esprit qu'il faut atteindre, et, pour atteindre l'esprit, il n'est pas nécessaire d'avoir à son service les ressources de la puissance publique ; les apôtres ne les ont pas eues. Il ne nuit pas d'être persécutés ; les apôtres ont subi des persécutions que nous ne connaîtrons jamais. Ce qui est nécessaire, ce qui suffit, c'est de communiquer à des âmes choisies un principe de vie divine et de faire de ces âmes transformées des agents propagateurs de la vérité et de la grâce.

« Il faut au monde des foyers de sainteté ; il faut au monde des foyers de vérité. »

Allons vers les jeunes, surtout vers ceux qui sont à même de former une élite, attirons-les à nous pour les donner à Dieu et au prochain. Semons en eux de la vérité et de la bonté ; ces semences donneront leur moisson.

« Sans doute ils sembleront d'abord disparaître dans la masse, mais attendez, c'est le ferment évangélique : une fois introduit dans cette masse, il la soulève et la transforme. »

Le jour viendra où les jeunes que nous aurons formés deviendront, sous nos yeux, ou sous les yeux de nos successeurs, les membres du comité paroissial, les titulaires des humbles magistratures de la commune, les présidents des comices et des syndicats, la cheville ouvrière de tous les mouvements qui s'organiseront dans nos paroisses.

La formation d'une élite est le moyen nécessaire et infaillible de régénérer ou de faire progresser une paroisse et un collège et peu à peu, en s'étendant, un diocèse, un pays.

Comme indication des moyens à employer pour constituer une élite et des exercices que l'on peut conseiller à des jeunes gens, même très occupés par leurs devoirs d'état, je citerai le règlement de la Société de Saint-Labre.

Ce règlement, tracé en 1882, est

suivi par des centaines d'adolescents, appartenant à divers patronages, et par un assez grand nombre d'ouvriers et d'employés parisiens, qu'il a transformés en chrétiens modèles.

De plus, la Société n'a pas cessé, depuis les premières années qui ont suivi sa fondation, de donner au diocèse de Paris des prêtres très fervents.

A propos de la date proposée pour la communion, je ferai observer que le règlement est de beaucoup antérieur au décret de Pie X sur la communion quotidienne (20 décembre 1905).

Règlement
de la Société de St-Labre

En formant une association spirituelle, les membres de la Société de Saint-Benoît-Joseph Labre se proposent, avec la grâce de Dieu :

1° De travailler énergiquement à leur propre perfection, en se soumettant à une direction spéciale qui les aide à lutter contre les lâchetés de la nature ;

2° De se dévouer tout entiers à l'Œuvre de la Jeunesse dont ils font partie et de s'employer courageusement au bien de tous les jeunes gens qui la composent ;

3° De se mettre sous la protection de saint Benoît-Joseph Labre, véritable défi jeté, dans ces derniers temps, au monde, qui ne comprend plus l'esprit de pauvreté et d'humilité enseigné par Notre-Seigneur.

Désirant être *admis* dans la Société de Saint-Benoît-Joseph Labre, je suis déterminé à observer les *Résolutions* qui suivent :

1° J'aurai une heure fixée pour le lever et une heure extrême que je ne dépasserai pas pour le coucher, à moins d'une absolue nécessité.

2° Le matin, en m'éveillant, je ferai le signe de la croix, et j'offrirai mon cœur à Notre-Seigneur et à la très sainte Vierge.

3° Je ferai la prière du matin chez moi, à genoux, toutes les fois que ce sera possible, et en allant au travail, quand je n'aurai pas pu la faire autrement.

4° Après ma prière du matin ou à un autre moment, je ferai une petite lecture de piété, suivie d'environ un quart d'heure de méditation et d'une résolution pratique.

5° J'élèverai souvent mon cœur vers Dieu, lui offrant toutes mes peines, difficultés, ennuis, chagrins, fatigues, joies, et même quelques sacrifices volontaires : tout cela pour l'expiation de mes péchés, les besoins de la sainte Eglise, de la France, de mes parents et de tous ceux qui me sont chers, et pour la prospérité des Œuvres dont je suis membre.

6° Je réparerai, par une invocation pieuse, tous les blasphèmes que j'entendrai.

7° Je dirai chaque jour au moins une dizaine du chapelet.

8° Chaque fois que j'aurai l'occasion de passer près d'une église, je ferai du fond du cœur, en saluant, un acte d'adoration à Notre-Seigneur présent au Tabernacle. Si le temps me le permet, j'entrerai pour adorer, quelques instants, le très saint Sacrement, à l'exemple de notre patron, saint Benoît-Joseph Labre.

9° Je terminerai la journée par la prière du soir et l'examen de conscience, à genoux.

10° Je me confesserai chaque semaine ou au moins tous les quinze jours.

11° Comprenant qu'en dehors de l'union à Notre-Seigneur, il n'y a ni zèle, ni vertu, je prendrai comme premier et principal moyen, *la sainte communion tous les huit jours,* suivant l'avis de mon confesseur.

12° Je ferai de temps en temps quelques lectures pieuses, spécialement celles qui me seront indiquées par mon confesseur ou mon directeur.

13° J'assisterai, aussi régulièrement que possible, à toutes les réunions de l'Œuvre de la Jeunesse et de l'Association de Saint-Benoît-Joseph Labre, et je m'y dévouerai tout entier au bien de mes camarades.

14° Je ne me contenterai pas, pour sanctifier le dimanche, d'assister à une simple messe basse; si je ne puis, par exception, aller à l'Œuvre, je ferai mon possible pour assister à quelque office et à une instruction.

15° Je ferai, chaque année, une retraite de deux ou de trois jours; et je m'efforcerai d'être fidèle à faire la récollection mensuelle, à Athis, avec les autres Associés.

16° Chaque mois, je rendrai compte au Directeur ecclésiastique de l'Association, ou à mon directeur spirituel, de ma fidélité à observer mon règlement de vie.

Je mets de tout mon cœur ces résolutions sous la protection de la très sainte Vierge, ma bonne mère ; de saint Joseph, patron de l'Église universelle; de saint Michel Archange, patron de la France; de saint Denis patron de ce diocèse; de saint Jean-Baptiste de la Salle, fondateur de l'Institut des Frères des Écoles chrétiennes; de mon saint Ange gardien, de mes saints Patrons, et en particulier de *saint Benoît-Joseph Labre, patron spécial de notre Société.*

Invocation a S. B.-J. Labre

Saint Benoît-Joseph Labre, modèle de prière et de pénitence, priez pour tous les membres de l'Association, pour la France et pour la sainte Église. (*40 jours d'indulgence, pour tous les Associés.*)

Défaut à corriger :

....

Vertu à acquérir :

....

ÉPILOGUE

En terminant, je reviens vers les jeunes :

Au Ruskin Hall de l'Université d'Oxford se trouve un tableau qui porte cette singulière légende : *Ruskin the road maker*. Pendant qu'il était professeur à Oxford, Ruskin voulut, un jour, enseigner à ses élèves la dignité du travail manuel : il leur apprit d'abord à casser des cailloux, puis entreprit, à leur tête, la construction d'une route.

Les routes, tracées à travers le pays, sont utiles pour atteindre des points nouveaux, pour faciliter la marche et le transit. Ce service est assuré. Les routes, que vous êtes appelés à faire, se creusent dans un autre terrain : elles sont destinées à conduire à plus de lumière dans l'intelligence, à plus de force dans la volonté, à plus de dignité et de vertu dans la vie. Cherchez, autour de vous, ceux qui l'emportent par la pénétration de l'esprit et l'énergie du caracère, groupez-vous ensemble, marchez dans les routes qui conduisent à la vérité et au bien, et entraînez à votre suite la foule hésitante ou inhabile qui, sans vous, resterait dans l'inaction ou même dans le désordre.

Nous vivons en des jours où, pour aller vers le bien, beaucoup d'âmes n'attendent qu'un appel et qu'un exemple. Il y a les âmes neuves, encore incertaines de la direction à prendre et qui entendront notre voix. Puis, sur tous les chemins de malheur, il y a des désillusionnés qui reviennent. Comprenant qu'ils se sont trompés, ils cherchent des guides plus sûrs vers un but meilleur.

Un peu partout les faillites se sont multipliées. Seule l'Église a été trouvée fidèle dans ses promesses. Beaucoup qui la blasphémaient naguère la regardent maintenant avec sympathie, et ne sont pas éloignés de croire que, avec les gages de l'éternité dont elle est surtout fière, elle a, de plus, les gages du temps.

L'heure est venue pour les jeunes catholiques et pour les jeunes Français de se grouper partout, de marcher et d'agir, de se faire entraîneurs.

Bossuet disait un jour, devant Louis XIV : « Il se remue pour Votre Majesté quelque chose d'illustre et de grand qui passe les destinées de vos prédécesseurs. » Pareille affirmation peut se répéter devant la jeunesse actuelle. Les circonstances lui sont favorables. Si elle le veut, de grandes transformations se produiront par elle au sein de la nation et dans le monde entier. Si elle le veut, les grandes idées et les généreux sentiments destinés à pénétrer l'humanité entière, partiront encore de la France.

Soyez de ceux qui sont décidés à faire partie de l'élite, et, autour de vous, cherchez, parmi les jeunes, ceux qui l'emportent par la pénétration de l'esprit, par la force de la volonté, par l'élévation de l'âme, par la ferme détermination de servir, et, avec eux, conduisez vers des buts plus hauts la foule hésitante qui, sans vous et vos amis, ne monterait pas dans le chemin du bien.

TABLE DES MATIÈRES

Imp. E. Aubin. — Ligugé (Vienne).

4e *Série* : **La Vocation. — Prêtre. — Avant le Mariage. — Religieux** (*en prép.*). — **Soldat** (*en prép.*). — **Le choix d'une fiancée,** 2 vol. — **Les Fiançailles** (*en prép.*). — **Le Mariage** (*en prép.*).

5e *Série* : **La Morale,** 2 vol. (*en prép.*). — **Le contenu de la Morale,** 2 vol.

6e *Série* : **L'Élite,** 6 vol. (*en prép.*).

Chez **P. TÉQUI, Éditeur, PARIS**

Douleur et résignation.

Le prix des larmes.

Lettres à un prisonnier.

Le Purgatoire.

Anthelme Martin de Gibergues.

La famille et l'amitié au ciel.

www.ingramcontent.com/pod-product-compliance
Ingram Content Group UK Ltd.
Pitfield, Milton Keynes, MK11 3LW, UK
UKHW021137260726
13994UKWH00001B/183

9 782329 032771